Parissa Hamzehloe

Mobile-Payment

Akzeptanz eines Mobile-Payment als Substitution für Bargeld in Deutschland

Hamzehloe, Parissa: Mobile-Payment: Akzeptanz eines Mobile-Payment als Substitution für Bargeld in Deutschland, Hamburg, Igel Verlag RWS 2014

Buch-ISBN: 978-3-95485-208-6
PDF-eBook-ISBN: 978-3-95485-708-1
Druck/Herstellung: Igel Verlag RWS, Hamburg, 2014

Bibliografische Information der Deutschen Nationalbibliothek:
Die Deutsche Nationalbibliothek verzeichnet diese Publikation in der Deutschen Nationalbibliografie; detaillierte bibliografische Daten sind im Internet über http://dnb.d-nb.de abrufbar.

© Igel Verlag RWS, Imprint der Diplomica Verlag GmbH
Hermannstal 119k, 22119 Hamburg
http://www.diplomica.de, Hamburg 2014
Printed in Germany

Inhaltsverzeichnis

Abbildungsverzeichnis

Abkürzungsverzeichnis

App	Application
BLE	Bluetooth Low Energy
C2C	Customer to Customer
DSS	Data Security Standard
eC	electronic Commerce
EC	Electronic Card
ECMA	European Computer Manufacturers Association
GSM	Global System for Mobile Communications
HCE	Host Card Emulation
IEC	International Electrotechnical Commission
ISO	International Organization for Standardization
KPMG	Klynveld, Peat, Marwick und Goerdeler
MC	Mobile Commerce
Mio.	Millionen
MP	Mobile-Payment
Mrd.	Milliarden
NFC	Near Field Communication
RF	Radio Frequency
RFID	Radio Frequency Identification
PBOC	People's Bank of China
PC	Personal Computer
PCI	Payment Card Industry
PDA	Personal Digital Assistant
PIN	Personal Identification Number
POS	Point of Sale
PSP	Payment Service Provider
P2P	Peer-to-Peer
SIM	Subscriber Identity Module
SMA	Stationary Merchant Automat
SMP	Stationary Merchant Person
SMS	Short Message Service
SSL	Secure Sockets Layer

TAN	Transaktionsnummer
TTP	Trusted Third Party
QR (-code)	Quick Response (-code)
UK	United Kingdom

1 Einleitung

1.1 Problemstellung

Die Geschichte des Tauschgeschäftes reicht zurück bis in das Jahr 5000 v. Chr. Römer, Griechen, Perser und Ägypter waren die Ersten, die vor tausenden von Jahren angefangen haben auf ihre Art Geschäfte zu machen. Sie entwickelten ihre eigene Tauschwirtschaft und ein Zahlungssystem. Angefangen hat es mit Ware gegen Ware (Muscheln, Salz und Ernteerzeugnisse). Wohlhabendere Geschäftsmänner wickelten ihre Geschäfte mit dem Tausch von Waren gegen Edelmetalle, wie Gold und Silber, oder sogar Waren gegen Sklaven ab. Im 18. Jahrhundert hatte sich das Bargeld in Form von Münzen, Papiergeld und Banknoten als Zahlungsmittel schnell durchgesetzt und dies gilt bis heute als einer der populärsten Arten des Tauschgeschäftes.[1]

Das Konzept des Geldes als ein Wert der Zahlung und Wertmarke des Austausches ist im Laufe der Jahre abstrakter geworden. Geld war früher in Form von Metall oder Papier schon immer ein zweckmäßiges Medium des Austausches. Heute wird von der Regierung unterstütztes Geld nicht mehr an eine besondere physische Entität gebunden, sondern kann legal in digitaler Form angeboten werden. Der Austausch findet dann in Form von Daten, Elektronen bzw. elektronischer Zahlung statt.[2]

Das elektronische Geld gibt es, seitdem EC- und Kreditkarten den Markt erobert haben und findet mittlerweile eine hohe Akzeptanz bei Verbrauchern. Weiterhin öffnet sich der Markt für Mobile-Payment (MP) durch den schnellen Anstieg der Nutzung von hochtechnologischen Smartphones.[3] Das MP-Ökosystem verspricht eine hohe Wirtschaftsproduktivität und persönliche Bequemlichkeit.[4]

Eine schrittweise Umstellung von Bargeld und kartenbasierten Zahlungen im Laden zu einer mobilen Zahlung ist seit einiger Zeit in Europa, auch in Deutschland, in der Entwicklung. Diese Entwicklung würde bedeuten, dass die Zahlungen in den Läden schneller, einfacher, sicherer und vor allem kostengünstiger zwischen dem Mobiltelefon des Verbrauchers und einem Handelszahlungsterminal durchführbar sind. Technologien wie NFC (Near Field Communication) und die Nutzung von QR-Code (Quick Response Code) erleichtern die kontaktlosen Zahlungen über das Mobiltelefon und sind bereits in

---

[1] Vgl. Lammer, T. (2006), S. 22.
[2] Vgl. Tan, M. (2005), S. 1.
[3] Vgl. Kreimer, T., Rodenkirchen, S. (2010), S. 5.
[4] Vgl. Ezell, S. (2009), S. 1.

vielen europäischen Ländern in Verwendung. Jedoch hat diese Umstellung mehrere Unklarheiten und Probleme bei der Umsetzung der Geschäftsmodelle mit sich gebracht. Diese Probleme beziehen sich auf soziale, organisatorische sowie mit dem Markt zusammenhängende Aspekte sowohl auf der Provider- (Versorger) als auch auf der Benutzerseite. Die eingesetzten Technologien konnten bis jetzt bezüglich Sicherheit und Datenschutz noch nicht überzeugen. Fehlende Standardlösungen führen dazu, dass viele Anbieter versuchen, mit eigenen Insellösungen in dieses Geschäft einzusteigen. Diese Lösungen sind weniger erfolgreich, weil sie keine große Reichweite haben und die kritische Masse nicht erreichen.[5] Jedoch zeigen Statistiken und Verbraucherbefragungen, dass im Jahr 2012 nur ca. 58 Prozent der Konsumenten, die MP einsetzten, positive Erfahrungen damit gemacht hatten, heute jedoch schon 74 Prozent der Nutzer davon begeistert sind und es weiter anwenden würden. Die Tendenz ist steigend.[6]

Diese Untersuchung befasst sich mit dem Thema MP als innovatives Zahlungsmodell, dem es noch nicht gelungen ist den deutschen Markt und deutsche Verbraucher von sich zu überzeugen. Die Probleme, warum ein innovatives Zahlungsmittel in Europa und insbesondere in Deutschland schwer durchsetzbar ist, werden diskutiert und offen gelegt. Anhand von Forschungsfragen und empirischen Forschungsmethoden werden Antworten und Lösungen für diese Probleme herausgearbeitet. Der Fokus liegt auf der Frage, ob und inwieweit MP das Bargeld ersetzen kann und ob das Verfahren von deutschen Verbrauchern akzeptiert und eingesetzt wird.

1.2 Zielsetzung

Die Vision einer Zukunft, in der das Mobiltelefon die Brieftasche des Verbrauchers ersetzt, ist zur Zeit ein stark diskutiertes und schnell zunehmendes Phänomen überall auf der Welt. Die Idee, kleine Beträge mit dem Handy bzw. Mobiltelefon zu bezahlen, ist nicht neu. In großen Teilen Afrikas, Lateinamerikas und Asiens wird sie umgesetzt, aber in Deutschland konnte sie sich bis jetzt noch nicht durchsetzen. Diese Studie hat zum Ziel durch Theorie in Verbindung mit mehrdimensional empirisch gesammelten und gewonnenen Daten die Gründe herauszufinden, warum MP in Deutschland wenig akzeptiert wird und welche Maßnahmen notwendig sind, damit das mobile Zahlungsverfahren als eine Substitution für Bargeld erfolgreich durchsetzbar wird. Ziel dieser Untersuchung ist es, zuerst die unterschiedlichen Bezahlmöglichkeiten darzustellen und

---

[5] Vgl. Weberschläger, M. (2013), S. 7.
[6] Vgl. Hoffmeister, S. (2014), Geistreich78.info, Abruf am 20.04.2014.

zu analysieren. Im Weiteren wird das MP als eine Art Barloszahlung definiert und analysiert. Es wird herausgearbeitet, wie diese Art modernes Bezahlen aktuell in Deutschland vom Kunden akzeptiert wird. Überdies wird untersucht, welche Kriterien notwendig sind, um das MP als eine attraktive Bezahlmöglichkeit für Konsumenten und Händler weiterzuentwickeln. Anhand von Forschungsergebnissen werden Handlungsempfehlungen für die MP-Anbieter ausgearbeitet und es wird ein Ausblick auf weitere Forschungsthemen in diesem Gebiet gegeben.

1.3 Forschungsfragen

Im Zuge dieser Arbeit werden zwei Forschungsfragen untersucht und mit Hilfe empirischer Datenerhebung beantwortet:

- Welche Schlüsselprobleme können bei der Entwicklung und Adoption von MP hinsichtlich der Geschäftsinteressenten sowohl auf der Versorger- als auch auf Benutzerseite in Deutschland identifiziert werden?
- Was muss der Markt anbieten und welche Strategien sind notwendig, damit MP als neues Zahlungsverfahren von beiden Seiten akzeptiert und eingesetzt wird?

1.4 Struktur und Methodik

Kapitel 1 stellt das Problem dar und macht deutlich, warum es notwendig ist in diesem Gebiet weitere Forschungen und Untersuchungen zu betreiben. Weiter werden in diesem Kapitel die Themen wie die Zielsetzung, die Forschungsfragen, die Struktur und die Abgrenzungen des Untersuchungsgegenstandes vorgestellt. Die eingesetzte Methodik für die Beantwortung der Forschungsfragen wird ebenfalls in diesem Kapitel erläutert.

Kapitel 2 gibt einen Überblick über verschiedene Zahlungsarten bzw. neue Verfahren und aktuelle Trends. Das klassische sowie das elektronische Zahlungsverfahren werden in diesem Kapitel vorgestellt. Um den Rahmen dieser Untersuchung nicht zu sprengen, werden in diesem Kapitel für die jeweilige Zahlungsart nicht alle auf dem Markt vorhandenen Verfahren präsentiert, sondern nur Beispiele genannt und erläutert. Das neue MP-Verfahren wird in diesem Kapitel kurz erörtert. Aufbauend auf Kapitel 2 wird MP in Kapitel 3 als eine neue und innovative Art der Bezahlmöglichkeit detailliert dargestellt. Weiterhin werden die Marktteilnehmer eines MP-Ökosystems vorgestellt, die Wertschöpfungskette wird erklärt und die Einsatzmöglichkeiten für den Kunden werden dargelegt. Der Prozessablauf eines MP-Verfahrens sowie unterschiedliche Abrechnungsarten dieses Verfahrens, sind ein Teil dieses Kapitels. Zusätzlich werden die in einem MP-Prozess einsetzbaren Technologien textuell und grafisch dargestellt. Kapitel 4 befasst sich mit den möglichen Geschäftsmodellen und Problemen beim Marktdurchbruch im Bereich MP. Für die Darstellung und Definition des Geschäftsmodells im Bereich MP sind die Untersuchungen von Andreas Hendix als Grundlage genommen worden. Innovationen sowie Diffusion und Adoption von Innovationen auf dem Markt werden in diesem Kapitel ebenfalls behandelt. Zusätzlich werden die Akzeptanzkriterien sowie die Szenarien für MP-Verfahren näher erläutert. Anschließend wird ein Überblick über die aktuell verfügbaren MP-Lösungen auf dem deutschen Markt gegeben. Mit einem Vergleich zwischen den Märkten in Asien, USA und Europa bzgl. MP-Einsatz und Akzeptanz wird dieses Kapitel beendet. In Kapitel 5 werden nach einer gründlichen Literaturrecherche die Anforderungen hinsichtlich der Forschungsfragen ausgearbeitet und dargestellt.

In Kapitel 6 wird zuerst ein Überblick darüber gegeben, welche Forschungsmethoden für die Beantwortung der beiden Forschungsfragen ausgewählt werden. Diese Methoden werden zunächst definiert. Die erforderlichen Informationen werden durch Sekundär- und Primärerhebungen gewonnen. Im Rahmen der Sekundärerhebung wird auf vorhandene Statistiken sowie Datenmaterial in der Literatur zurückgegriffen. Im Gegensatz dazu werden die Daten, die anhand der Primärerhebungen gewonnen sind, durch quantitative und qualitative Befragungen erworben.[7] Die quantitative Befragung wird anhand eines Fragebogens durchgeführt. Dabei wird die Akzeptanz des MP aus Sicht des Verbrauchers untersucht. Für die qualitative Datenerhebung werden Experteninterviews durchgeführt. Es werden insgesamt vier Experten für die Bereiche Terminals, Technologie, Test sowie Marketing zum Thema MP aus verschiedenen Perspektiven befragt. Dadurch wird das Thema MP aus mehreren Blickwinkeln beleuchtet. Anschließend werden die erhobenen Daten aus der quantitativen Befragung sowie den qualitativen Experteninterviews aufbereitet und ausgewertet, woraus dann abschließend die Handlungsempfehlungen für die MP-Anbieter herausgearbeitet werden.

Die theoretischen Erkenntnisse und die empirischen Daten werden später zu Analysezwecken zusammengeführt, um neue Erkenntnisse auf diesem Gebiet zu schaffen. Diese werden im Kapitel 7 zusammengefasst, um die zwei Forschungsfragen klar und ver-

---

[7] Vgl. Erdmann, G., Popp, H., Tolksdorf, M. (2006), S. 130.

ständlich zu beantworten. Abschließend werden kritische Würdigungen, bezogen auf die Vorgehensweise der vorliegenden Studie gegeben sowie Hinweise und Themen für weiteren Forschungen in diesem Gebiet in einem Ausblick präsentiert.

1.5 Abgrenzungen des Untersuchungsgegenstandes

Diese Studie befasst sich hauptsächlich mit den Marktteilnehmern eines MP-Ökosystems. Im Rahmen dieser Untersuchung werden die Interessen und Anforderungen der Marktteilnehmer dargelegt und diskutiert. Insbesondere werden die zahlreichen MP-Anbieter mit den unterschiedlichen Verfahren auf dem Markt hervorgehoben. Die Ausarbeitung und Darlegung unterschiedlicher Technologien sind ebenfalls ein Hauptbestandteil dieser Untersuchung. Die rechtlichen Rahmenbedingungen sowie Sicherheitsaspekte eines MP-Ökosystems werden in dieser Untersuchung erwähnt, aber nicht detailliert behandelt. Die Zielgruppe für die quantitative Befragung ist auf Verbraucher ab 16 Jahren in Deutschland eingegrenzt. Die Einschränkung ab 16 Jahre besteht deshalb, weil es sich bei einem MP-Verfahren um Verbraucher handelt, die auf der einen Seite ein mobiles Endgerät bzw. Smartphone besitzen können und auf der anderen Seite geschäftsfähig sind und mit ihrem mobilen Endgerät einkaufen bzw. bezahlen können. Geografisch gesehen werden Vergleiche mit den USA und Asien gezogen, aber hauptsächlich beschränkt sich diese Untersuchung auf den deutschen Markt und deutsche Verbraucher.

2 Grundlagen und Arten der Zahlungsverfahren

2.1 Klassische Zahlungsverfahren

2.1.1 Bar- und Scheckzahlung

Bar- und Scheckzahlungen gehören zu den einfachsten Formen des Zahlungsverkehrs.[8] Barzahlung ist die anonyme Form der physischen Bezahlung von Wirtschaftsgütern bzw. Dienstleistungen mit Münzen oder Geldnoten.[9] Bei einer Barzahlung wird der zu zahlende Betrag sofort beglichen. Dagegen wird bei einer Scheckzahlung der Betrag erst bei der Einlösung des Schecks beglichen. Das Problem bei einem Scheck ist, dass dessen Einlösung nicht gesichert ist. Die Begleichung des Schecks kann durch die Bank verweigert oder durch den Aussteller des Schecks gesperrt werden.[10]

2.1.2 Rechnung

Bei einem Kauf auf Rechnung bezahlt der Kunde, nachdem er das Produkt bzw. die Dienstleistung erhalten hat. Damit verpflichtet sich der Kunde die Rechnung innerhalb einer bestimmten Zeit zu begleichen.[11] Da diese Form der Bezahlung für den Kunden sicher und bequem und bereits seit Jahren gebräuchlich ist, weist sie eine hohe Akzeptanz bei den Konsumenten auf.[12] Jedoch ist sie mit dem Risiko für Händler verbunden, dass die Rechnungen verspätet oder gar nicht bezahlt werden. Dadurch entsteht viel Aufwand und hohe interne Kosten beim E-Shop-Betreiber.[13]

2.1.3 Zahlung per Nachnahme

Eine Bezahlung per Nachnahme wird gegen Barzahlung des Betrages durch den Empfänger oder eine bevollmächtigte Person bei der Lieferung durchgeführt. Im Gegensatz zur Zahlung auf Rechnung ist das Bezahlen per Nachnahme mit weniger Risiko für Händler verbunden, ist aber sehr kostenaufwendig. Ein weiterer Nachteil ist, dass, wenn der Kunde nicht zu Hause ist, die Sendung nicht entgegengenommen werden kann.[14] Abbildung 1 zeigt, wie die Zahlung per Nachnahme funktioniert und welche Marktteilnehmer an diesem System beteiligt sind.

---

[8] Vgl. Risse, J. (2004), S. 80.
[9] Vgl. Plattes, W., Fauteck, H., Fitzner, T., Strunk, G. (2013), S. 170.
[10] Vgl. Risse, J. (2004), S. 80.
[11] Vgl. Ecckoeln.de (2012), Abruf am 09.04.2014.
[12] Vgl. Stahl, E., Wittmann, G., Krabichler, T., Breitschaft, M. (2012), S. 4-6.
[13] Vgl. Bächle, M., Lehmann, F. R. (2010), S. 100f.
[14] Vgl. Stahl, E., Wittmann, G., Krabichler, T., Breitschaft, M. (2012), S. 4-7.

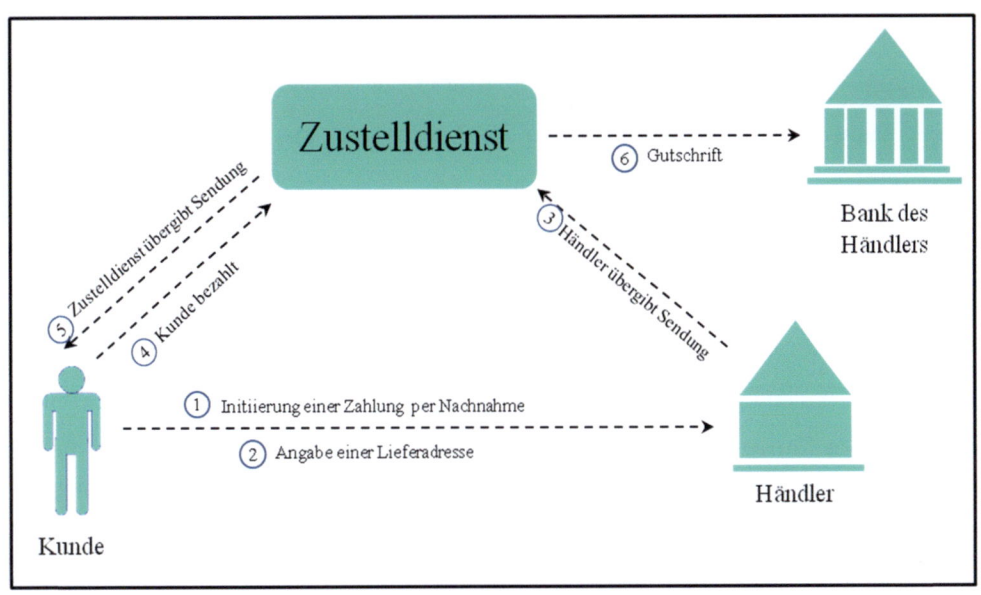

Abbildung 1: Ablauf einer Zahlung per Nachnahme

In Anlehnung an: Stahl, E., Wittmann, G., Krabichler, T., Breitschaft, M. (2012), S. 4-7.

Aus Kundensicht ist das Verfahren relativ teuer, da zusätzlich zu den eventuellen Versandkosten die Gebühren für die Zustellung der Ware per Nachnahme dazu kommen. Für den Händler fallen zusätzliche Aufwände im Fall eine Retoure an. Deshalb ist das Verfahren für Kunden und Händler eher unattraktiv.[15]

Neben den klassischen Zahlungsverfahren gibt es noch die elektronische Zahlungsart als Alternative. Wie das elektronische Zahlungsverfahren funktioniert und in welchen Formen dieses Verfahren angewendet wird, wird in dem nächsten Kapitel detailliert dargestellt.

2.2 Elektronische Zahlungsverfahren

2.2.1 Definition und Beschreibung der elektronischen Zahlungsverfahren

Der Begriff E-Payment kommt aus der englischen Sprache und steht für Electronic Payment. Übersetzt repräsentiert das E-Payment das elektronische Bezahlverfahren. Dieses kann sowohl im Internet über Online-Shops oder am Point of Sale (POS) über Kartenzahlung durchgeführt werden. Ein E-Payment-System kann als eine Interaktion zwischen fünf Parteien definiert werden. Diese sind auf der einen Seite die Geschäftseinheiten, Kunde und Händler, und auf der anderen Seite die Finanzeinheiten, Anbieter und Banken, und der Payment Service Provider (PSP) als dritte Einheit. Der PSP fun-

---

[15] Vgl. Ecckoeln.de (2012), Abruf am 09.04.2014.

giert zwischen den Geschäfts- und Finanzparteien als eine Sicherheitseinheit, welche die elektronischen Bezahltransaktionen im Auftrag von Kunden und Händlern auf der einen Seite und Anbietern und Banken auf der anderen Seite ausführt.[16]

Die erste Generation von elektronischen Zahlungsmodellen basierte auf Karten mit integrierten Chips und Geldwerten, die geschützt auf diesem Chip verwaltet wurden. Solche Karten wurden in den 80er Jahren für die Einzelnutzer mit einem Prepaid[17] Verfahren eingeführt, um z. B. Mahlzeiten in den Kantinen zu zahlen, als elektronische Form für Loyalty bzw. Treuepunkte oder Prepaid-Telefonkarten.[18] Mittlerweile ist die vierte Generation von Karten auf dem Markt verfügbar. Diese sogenannte kontaktlose Proximity-Cards werden im Bereich MP für kontaktloses Bezahlverfahren eingesetzt.[19] Die detaillierte Beschreibung der kontaktlosen Karten und deren Verfahren im Rahmen des MP werden im Kapitel 2.2.5 ausführlich erläutert.

2.2.2 Lastschriftverfahren

Das Lastschriftverfahren ist eine Art des bargeldlosen Zahlens.[20] An einer Zahlung per Lastschriftverfahren sind der Zahlungsempfänger bzw. der Gläubiger, Zahlungspflichtiger, erste Inkassostelle und die Zahlstelle der Schuldner beteiligt.[21] Dieses Verfahren ist einfach und kostengünstig[22] und unterscheidet zwei Verfahrensarten:

- Einzugsermächtigung
- Abbuchungsauftrag

Dabei werden die meisten Lastschriften über Einzugsermächtigung abgewickelt. Bei einer Einzugsermächtigung erteilt der Zahlungspflichtige dem Zahlungsempfänger eine schriftliche Ermächtigung. Der Zahlungsempfänger löst den konkreten Zahlungsvorgang aus, indem er die Lastschrift über einen bestimmten Betrag bei der ersten Inkassostelle (seiner Bank) in Auftrag gibt.[23]

Die erste Inkassostelle schreibt den Lastschriftbetrag für den Zahlungsempfänger gut und gibt den Auftrag an die Zahlstelle weiter. Unter der Annahme, dass bereits eine

---

[16] Vgl. Gervasi, O., Murgante, B., Lagana, A., Taniar, D., Mun, Y., Gavrilova, M. L. (2008), S. 514.
[17] Guthabenkarten.
[18] Vgl. Hartmann, M. E. (2006), S. 10.
[19] Vgl. Kleine, J., Venzin, M., Ludwig, F., Krautbauer, M. (2012), S. 1.
[20] Vgl. Drklein.de/finanzlexikon, Abruf am 17.05.2014.
[21] Vgl. Krepold, H. M., Fischbeck, S. (2009), S. 78.
[22] Vgl. Bächle, M., Lehmann, F. R. (2010), S. 101.
[23] Vgl. Krepold, H. M., Fischbeck, S. (2009), S. 78.

Einzugsermächtigung in Höhe des Lastschriftbetrages vorliegt, belastet die Zahlstelle das Konto des Zahlpflichtigen ohne weitere Prüfungen.[24]

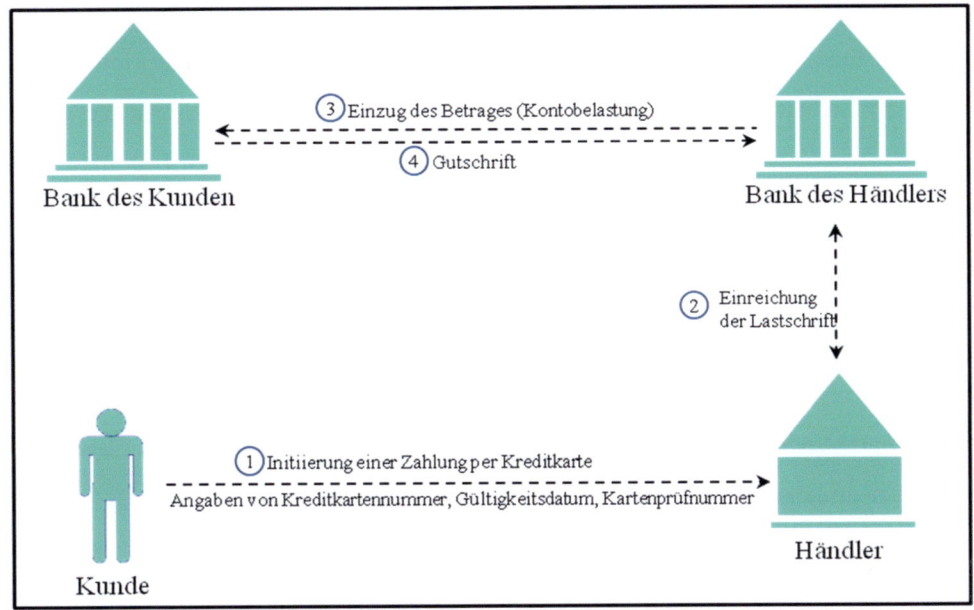

Abbildung 2: Ablauf einer Zahlung per Lastschrift

In Anlehnung an: Stahl, E., Wittmann, G., Krabichler, T., Breitschaft, M. (2012), S. 4-12.

Bei einem Abbuchungsverfahren erteilt der Kunde seiner Bank durch einen schriftlichen und widerruflichen Auftrag die Vollmacht, bei einer eingehenden Lastschrift den Betrag von seinem Konto abzubuchen.[25] Bezahlen per Lastschrift ist für Kunden und Händler einfach und bequem und wird deshalb relativ häufig in Anspruch genommen.[26] Das Lastschriftverfahren hat gewisse Vorteile. Dadurch wird vermieden bestimmte Zahlungen zu versäumen und unberechtigte Belastungen können innerhalb von sechs Wochen widerrufen werden.[27]

2.2.3 EC-Karte

Das Zahlen per EC-Karte gehört zu der Kategorie E-Payment bzw. elektronisches Bezahlen. Kunden haben die Möglichkeit mit ihrer EC-Karte, die mit ihrem Bankkonto verbunden ist, am POS bargeldlos bezahlen. Die Belastung des Bankkontos geschieht unmittelbar nach dem Bezahlvorgang. Dadurch, dass die Gebühren für diese Art Zahlungsverfahren niedrig sind, ist es in Deutschland weit verbreitet. Dieses Verfahren un-

---

[24] Vgl. Krepold, H. M., Fischbeck, S. (2009), S. 78.
[25] Vgl. Drklein.de/finanzlexikon, Abruf am 17.05.2014.
[26] Vgl. Ecckoeln.de (2012), Abruf am 09.04.2014.
[27] Vgl. Pham, N. K., Experto.de, Abruf am 17.05.2014.

terstützt zwei unterschiedliche Zahlungsarten, entweder mit der PIN-Eingabe oder mit einer Unterschrift.[28] Durch die Eingabe von PIN bzw. die Unterschrift erteilt der Kunde dem Händler eine Einzugsermächtigung.[29] Danach werden die Daten des Kunden an seine Bank übermittelt.[30] Der Unterschied zwischen PIN-Eingabe und einer Unterschrift liegt bei den Sicherheiten für den Händler. Bei der Eingabe von einer PIN ist der Händler sicher, dass er den zu zahlenden Betrag von der Bank des Kunden bekommt. Bei einer Unterschrift wird von dem Kunden eine sogenannte Einzugsermächtigung erteilt.[31] An dieser Stelle funktioniert das Bezahlverfahren ähnlich wie ein Lastschriftverfahren.[32]

2.2.4 Kreditkarte

Kreditkarten eignen sich sowohl für den internationalen als auch für den nationalen Handel[33] und werden in zwei Formen, nämlich Bank- und Universalkreditkarten angeboten.[34] „Kreditkarten sind Karten, mit denen Geld, Vermögensgegenstände oder Dienstleistungen auf Kredit erlangt werden können"[35]. Im Gegensatz zu den Bankkreditkarten, die nur von Banken ausgestellt werden dürfen, können die Universalkreditkarten auch von anderen Kreditkartenunternehmen herausgegeben werden.

Eine Voraussetzung für die Nutzung der Kreditkarte für die Händler ist der Vertrag mit einer Bank, die den Händler bei der Akzeptanz der Kreditkarte und Abwicklung der Kreditkartenzahlung betreut. Abbildung 3 zeigt, wie ein Kreditkartenzahlungsverfahren abgewickelt wird.

---

[28] Vgl. Terminaldirekt.de, Abruf am 17.05.2014.
[29] Vgl. Kapitel 2.2.2.
[30] Vgl. Eckarte.org/wie-funktionieren-ec-kartenlesegeraete, Abruf am 20.05.2014.
[31] Vgl. Finanzen.excite.de/ec-zahlung-pin-unterschrift, Abruf am 20.05.2014.
[32] Vgl. Kapitel 2.2.2.
[33] Vgl. Stahl, E., Wittmann, G., Krabichler, T., Breitschaft, M. (2012), S. 4-13.
[34] Vgl. Weber, C. B. (2002), S. 83.
[35] Weber, C. B. (2002), S. 83.

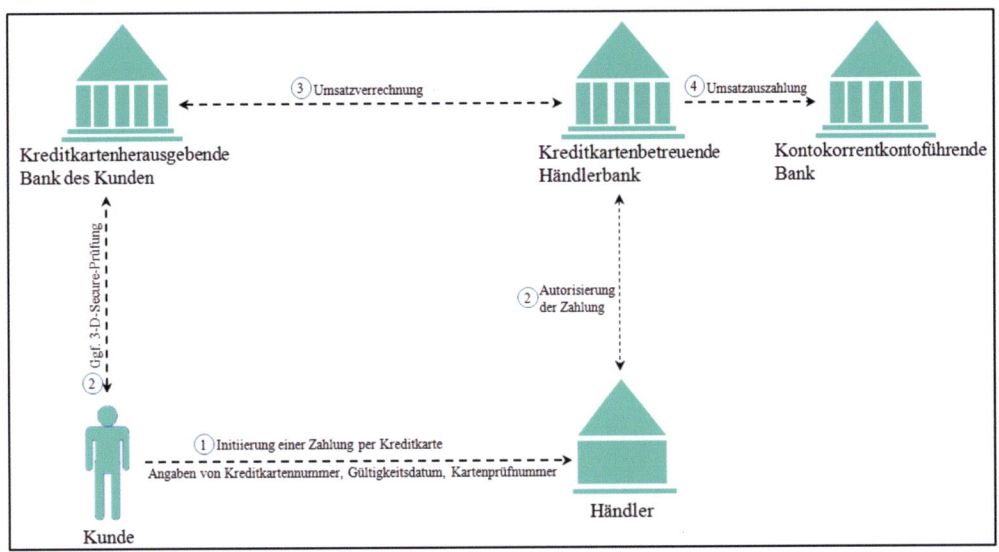

Abbildung 3: Ablauf einer Zahlung per Kreditkarte

In Anlehnung an: Stahl, E., Wittmann, G., Krabichler, T., Breitschaft, M. (2012), S. 4-14.

Der Kunde bzw. Karteninhaber gibt seine Daten wie Kartennummer, Gültigkeitsdatum und die Sicherheitsprüfnummer in ein webbasiertes Formular, das von dem Händler bereitgestellt wird, ein und bestätigt damit die Zahlung.[36] Diese Daten werden zur Autorisierung an die kreditkartenbetreuende Bank weitergeleitet, um zu prüfen, ob das Kreditkartenkonto existiert. Anschließend wird der Betrag von dem Kreditkartenkonto abgebucht und dem Konto des Händlers gutgeschrieben. Bei einer Kreditkartenzahlung fallen für den Händler prozentuale Gebühren pro Transaktion und abhängig vom Umsatz an. Da der Trend zum Online-Shop und Einkaufen im Internet steigt, verlieren die klassischen Zahlungsarten immer mehr an Bedeutung. Dadurch gewinnen die elektronischen und innovativen Zahlungsverfahren an Fahrt und werden bei den Verbrauchern immer beliebter.[37] Ein innovatives Zahlungsverfahren, das in letzter Zeit in Diskussion und Entwicklung ist, ist das Mobile-Payment-Verfahren.

2.2.5 Mobile-Payment

Das MP gehört zu der Kategorie E-Payment und hat die Grundfunktionalität eines E-Payment-Systems. Mobiltelefone, Smartphones und andere mobile Endgeräte bieten neue Wege für den Zugriff auf das Bankkonto und Nutzung der Bezahldienste an.[38] Generell werden unter MP Zahlungen, die durch ein mobiles Endgerät angestoßen werden,

---

[36] Vgl. Stahl, E., Wittmann, G., Krabichler, T., Breitschaft, M. (2012), S. 4-13.
[37] Vgl. Ecckoeln.de (2012), Abruf am 09.04.2014.
[38] Vgl. Hartmann, M. E. (2006), S. 13.

verstanden. Hierbei nutzt der Zahlungspflichtige für die Initiierung, Autorisierung und Realisierung des Zahlungsvorganges sein mobiles Endgerät.[39] Die Zahlungsmöglichkeiten über ein mobiles Endgerät können ähnlich wie E-Payment für die Einkäufe im Internet oder am POS eingesetzt werden.[40] Detailliert wird das Thema MP in Kapitel 3 dargestellt.

Der steigende Gebrauch von mobilen Endgeräten wie Mobiltelefonen und PDAs (Personal Digital Assistent) öffnet neue Möglichkeiten für den E-Commerce bzw. das E-Payment. Statistiken zeigen, dass es im Jahr 2013 weltweit 7 Milliarden Mobilfunkanschlüsse gab. Abbildung 4 zeigt, dass es alleine in Deutschland mehr Mobilfunkanschlüsse gibt als Einwohner.[41]

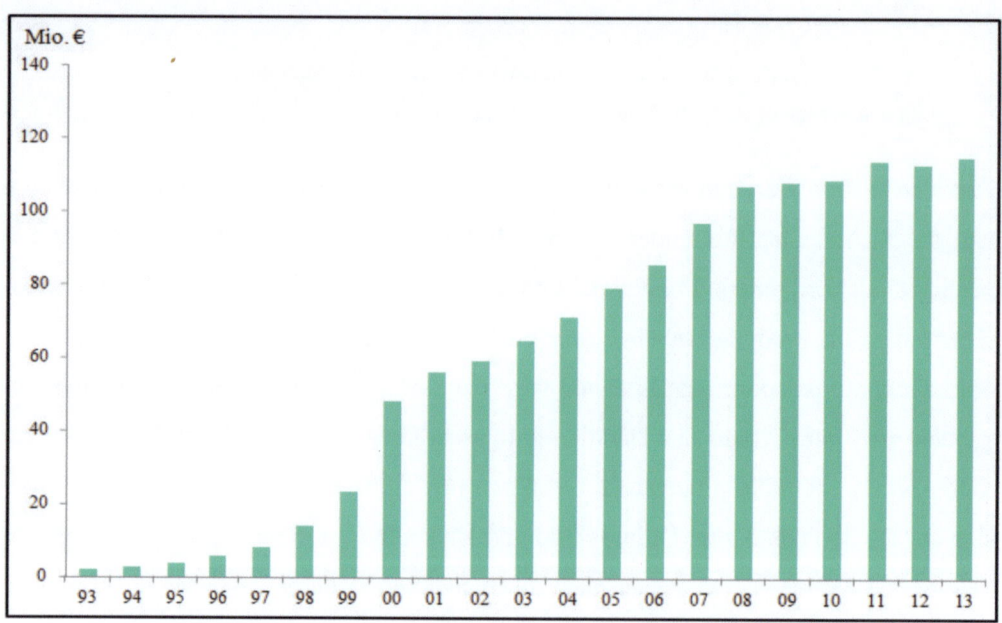

Abbildung 4: Anzahl der Mobilfunkanschlüsse in Deutschland von 1993 bis 2013

In Anlehnung an: Statista (2014), de.statista.com, Abruf am 23.03.2014.

Verbraucher wollen jetzt in der Lage sein, günstig ein zu kaufen und anschließend an jedem Platz und zu jeder Zeit zu zahlen. MP kann zum Teil diese Erwartungen erfüllen.[42] Nach einer Studie der Steinbeis Research[43] verfügt MP in Europa über ein enormes Marktpotenzial, das bis 2020 ca. 1.8 Mrd. Euro betragen wird.[44]

---

[39] Vgl. Stucky, W., Schiefer, G. (2005), S. 35.
[40] Vgl. Dannenberg, M., Ulrich, A. (2004), S. 207.
[41] Vgl. Statista (2014), de.statista.com, Abruf am 23.03.2014.
[42] Vgl. Paulus, S., Pohlmann, N., Reimer, H. (2004), S. 155.
[43] Steinbeis Research center for financial services. Steinbeis-Hochschule Berlin.
[44] Vgl. Kleine, J., Venzin, M., Ludwig, F., Krautbauer, M. (2012), S. 13.

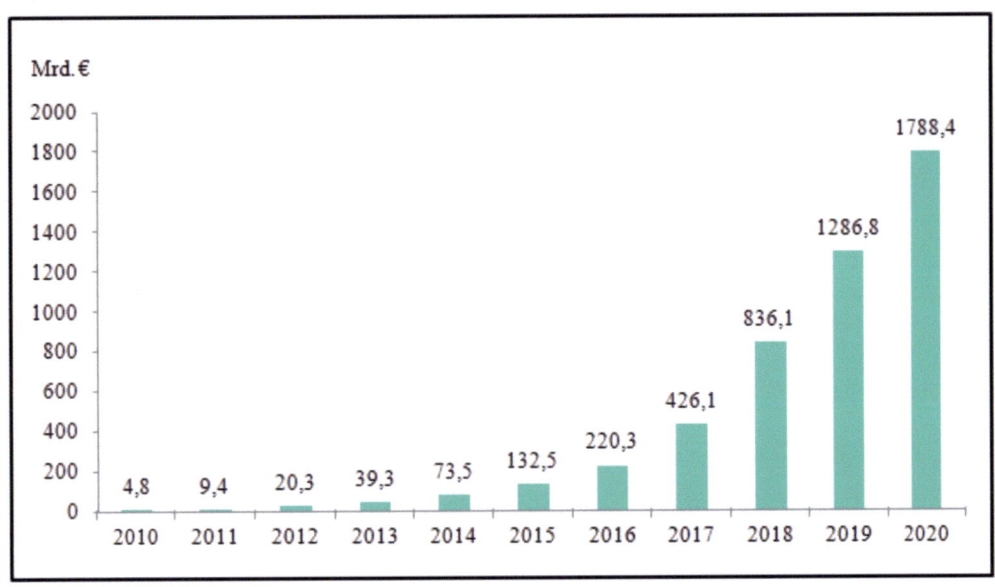

Abbildung 5: Marktpotenzial von Mobile Payment in Europa

In Anlehnung an: Kleine, J., Venzin, M., Ludwig, F., Krautbauer, M. (2012), S. 13.

Das Verfahren von MP-Transaktionen ist grundsätzlich ähnlich wie bei klassischen E-Payment[45]-Transaktionen. Der Unterschied liegt wesentlich in den folgenden Punkten. Erstens basiert das MP-Verfahren auf der sogenannten kontaktlosen Kommunikation. Zweitens bezieht dieses Verfahren ganz neue Marktteilnehmer, wie die Telekommunikationsunternehmen, in einen Bereich ein, in dem traditionell nur Banken eine Rolle gespielt haben. Drittens sind MP-Transaktionen für Banken und Verbraucher sehr attraktiv, weil sie einen erheblichen Gebrauch von persönlichen mobilen Endgeräten aufweisen.[46]

MP-Transaktionen lassen sich in zwei Arten klassifizieren:[47]

- Remote MP
- Proximity MP

Bei Remote bzw. MP im Internet werden gleiche Möglichkeiten angeboten wie bei einem Online-Shop, mit dem Unterschied, dass beim Remote MP zum Einkaufen das Smartphone eingesetzt wird. Kunden kaufen von Zuhause aus oder unterwegs mit ihrem Smartphone ein und können sich für eine Zahlungsart wie Rechnung, Lastschrift oder

---

[45] Vgl. Kapitel 2.2.
[46] Vgl. Paulus, S., Pohlmann, N., Reimer, H. (2004a), S. 156.
[47] Vgl. Paulus, S., Pohlmann, N., Reimer, H. (2004b), S. 155.

Kreditkarte entscheiden. Zusätzlich werden von manchen Anbietern spezielle Applikation (Apps), das sogenannte In-App-Payment, zum Einkaufen angeboten.[48]

Eine andere Form des mobilen Bezahlens ist, das MP direkt am POS einzusetzen. Hier wird dem Kunden vor Ort die Möglichkeit gegeben Produkte und Dienstleistungen direkt über das Smartphone zu bezahlen. Der Zahlungsvorgang wird mit Hilfe spezieller Technologien über das Smartphone abgewickelt. Die Haupteigenschaft eines Proximity MP ist, dass der Verbraucher physisch am POS anwesend ist, während sich bei einem Remote MP der Verbraucher an einem anderen Ort befindet.[49]

Beide Arten der MP teilen allgemeine Eigenschaften mit E-Payment:[50]

- Beide sind Formen elektronischen Bezahlverfahren,
- Sie werden über Netzwerke, wie Internet oder über Funkwellen, übertragen,
- Sie nutzen üblichen Verschlüsselungsprotokolle, wie SSL (Secure Sockets Layer), 3-D Secure usw.

Um viele Einsatzmöglichkeiten zu bieten und dadurch die Akzeptanz von MP zu erhöhen, bietet sich die Möglichkeit, beide Arten zu nutzen. Das bedeutet, dass ein MP-Verfahren angeboten werden soll, welches am POS und im Internet einsetzbar ist.

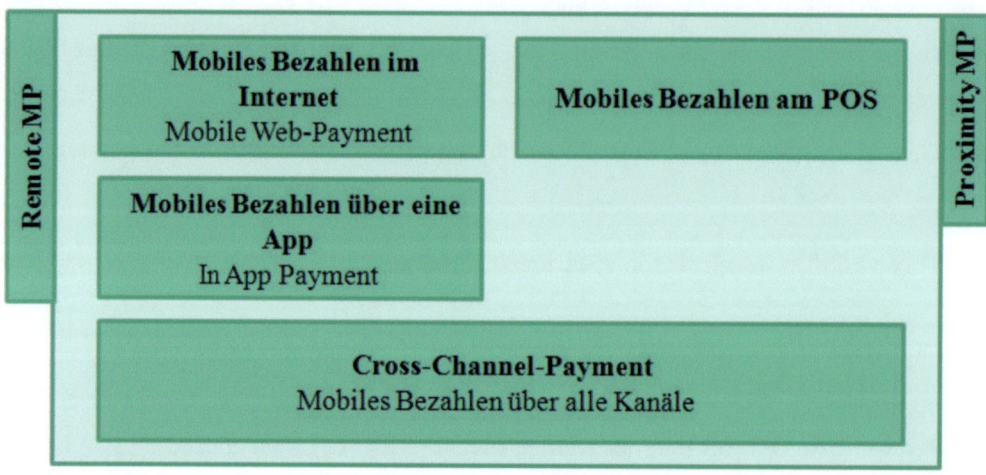

Abbildung 6: Übersicht mobile Zahlungsmöglichkeiten
In Anlehnung an: Lambertz, S. (2013), Ecckoeln.de, Abruf am 11.04.2014.

Dieses Verfahren wird Cross-Channel-Payment genannt. Viele Anbieter versuchen auf diesem Weg eine größere Reichweite und mehr Kunden zu gewinnen.[51]

---

[48] Vgl. Lambertz, S. (2013a), Ecckoeln.de, Abruf am 12.04.2014.
[49] Vgl. Lambertz, S. (2013b), Ecckoeln.de, Abruf am 13.04.2014.
[50] Vgl. Paulus, S., Pohlmann, N., Reimer, H. (2004), S. 156.

Im Rahmen dieser Untersuchung wird das Proximity- bzw. das kabellose MP-Ökosystem näher betrachtet, weil es sich hier um das Ablösen von Bargeld durch MP handelt.

Ein „Ökosystem beschreibt einen Organismus in der Geschäftswelt, bei der eine wirtschaftliche Gemeinschaft dem Markt gemeinsam ein Produkt oder eine Dienstleistung bereitstellt."[52] Jedes Ökosystem besteht aus folgenden Teilnehmern: Lieferanten, Wettbewerber, Erzeuger und andere Stakeholder, die nach bestimmten Vereinbarungen und gemäß ihrer Fähigkeiten bestimmte Rollen und Aufgaben übernehmen.[53]

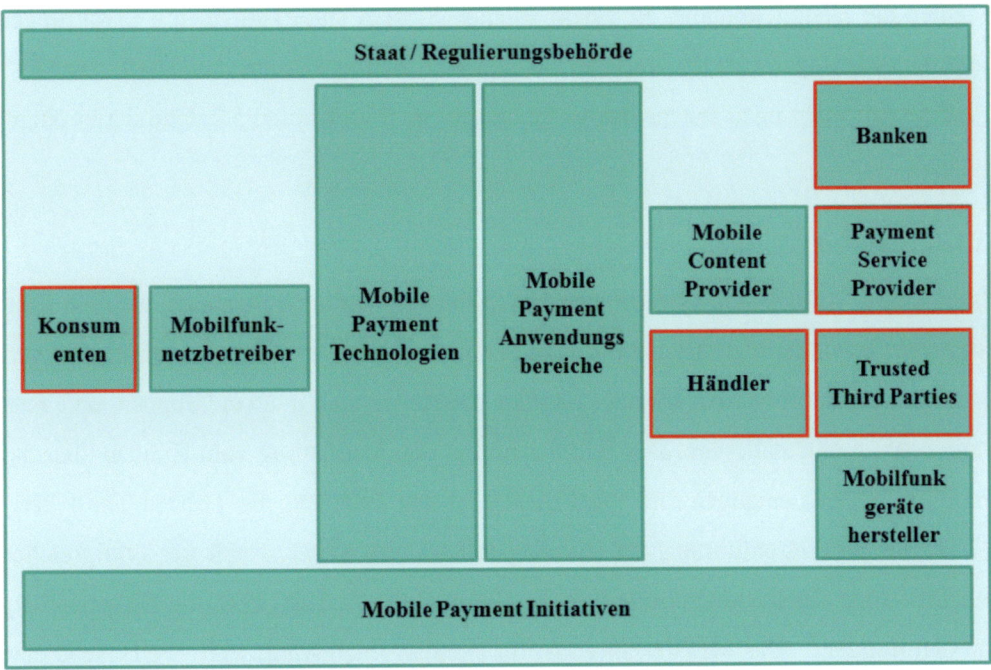

Abbildung 7: Das Ökosystem von Mobile-Payment

In Anlehnung an: Kaymaz, F. (2011), S. 56.

Wie in Abbildung 7 dargestellt, sind auch bei einem MP-Ökosystem, genauso wie bei allen anderen Zahlungs- und Ökosystemen, mehrere Marktteilnehmer involviert, die eigene Interessen verfolgen und bestimmte Anforderungen an dieses System stellen. Im Kapitel 3.1 werden die einzelnen, (in Rot umrahmte) Marktteilnehmer und deren Interessen bzw. Anforderungen detaillierter erklärt.

---

[51] Vgl. Lambertz, S. (2013), Ecckoeln.de, Abruf am 13.04.2014.
[52] Lerner, T. (2013), S. 135.
[53] Vgl. Lerner, T. (2013), S. 135.

3 Proximity Mobile-Payment

3.1 Marktteilnehmer

3.1.1 Konsumenten

Innerhalb eines MP-Ökosystems gibt es Konsumenten, Nutzer bzw. Personen, die ein mobiles Endgerät nutzen, um Produkte und Dienstleistungen zu kaufen bzw. zu bezahlen. Dabei wird die mobile Zahlung von dem Nutzer zuerst registriert, dann initiiert.[54] Zu den Anforderungen, die Konsumenten an das MP-Ökosystem stellen, zählen: Verlässlichkeit, Sicherheit, Bequemlichkeit, Schnelligkeit und Akzeptanz.[55] Da die Konsumenten die Hauptteilnehmer in einem solchen System sind, sollten ihre Erwartungen und Anforderungen von den anderen Teilnehmern richtig erkannt und erfüllt werden.[56] Auf die Anforderungen seitens des Verbrauchers wird im Kapitel 5.2 detaillierter eingegangen.

3.1.2 Händler

In einem MP-Ökosystem sind Händler Unternehmen oder auch Personen, die dem Konsumenten Produkte bzw. Dienstleistungen anbieten, die über ein mobiles Endgerät verkauft bzw. gekauft werden können. Händler unterteilen sich in zwei Gruppen, und zwar online tätige und stationäre. Der Händler nimmt den Kaufantrag vom Kunden über das mobile Endgerät entgegen und leitet diesen an den PSP und die Trusted Third Party (TTP) für die Durchführung der Zahlungstransaktion weiter. Nach der erfolgreichen Autorisierung des Kunden übermittelt der Händler das Produkt, bzw. die Dienstleistung an den Kunden.[57] Das MP-Verfahren ist für Händler interessant, weil es einerseits eine Alternative zu den vorhandenen Bezahlmöglichkeiten ist, andererseits dem Händler zusätzliche Möglichkeiten und Marketing-Anwendungen wie Loyalty-Programme, Coupons und Check-In gibt, die er seinen Kunden anbieten und dadurch noch mehr Kunden gewinnen kann.[58] Die Anforderungen, die Händler an ein MP-Ökosystem stellen, werden im Kapitel 5.3 diskutiert und erläutert.

---

[54] Vgl. Kaymaz, F. (2011), S. 56.
[55] Vgl. Smart Card Alliance (2011), S.14.
[56] Vgl. Kaymaz, F. (2011a), S. 57.
[57] Vgl. Kaymaz, F. (2011b), S. 57.
[58] Vgl. Reichl, W., Ruhle, E. O., Kittle, J. (2014), S. 13.

3.1.3 Banken und Kreditinstitute

Wenn es um ein Zahlungssystem geht, spielen Banken und Kreditinstitute eine wesentliche Rolle. Bei einem Zahlungsverfahren geht es meistens um das Gewinnen vom Kundenvertrauen.[59] Auch in einem MP-Ökosystem sind Banken beteiligt und stellen durch ihre Erfahrungen in der Werteschöpfungskette eine reibungslose Abwicklung sicher.[60] Nach einer Studie von Steinbeis-Research[61] bevorzugen über 80 Prozent der Konsumenten ihre eigene Bank für die Abwicklung der Zahlungen über MP-Verfahren.[62] Dadurch, dass die Banken über eine hohe Reichweite und eine Verbindung zwischen dem klassischen bzw. etablierten Zahlungsverfahren und der neuen technischen Welt verfügen, ermöglichen sie eine effizientere Abwicklung und Durchführung.[63] Leider zeigen Banken bis jetzt kein großes Interesse an einer Einführung und Beteiligung an den mobilen Bezahlsystemen. Dies kann an Ungewissheit über die zukünftige Entwicklung der Technologie und dadurch entstehenden neuen Geschäftsmodellen liegen.[64] Dabei könnten Banken in einem solchen Zahlungsverkehr eine Schlüsselrolle spielen. Da sie, einerseits selbst auf die bestehende Infrastruktur aufsetzen können und andererseits jede Art Zahlungsverkehr auf die Schnittstellen zu Banken angewiesen ist und ohne dessen Beteiligung keine elektronische bzw. mobile Zahlungstransaktion möglich ist.[65]

3.1.4 Trusted Third Party (TTP)

In einem MP-Ökosystem ist die Trusted Third Party eine Einheit, welche bei allen anderen Einheiten bzw. Mitgliedern dieses Netzwerks bekannt ist und der alle Mitglieder vertrauen.[66] Die Aufgabe einer TTP ist zum einen, sicherzustellen, dass keine Manipulation der Daten während der Übertragung durch Dritte möglich ist und zum anderen die Identität des Kunden zu verifizieren.[67] Diese Rolle kann eventuell auch direkt von der Bank bzw. dem Kreditinstitut übernommen werden, die sich bereits in einem MP-Ökosystem befindet.

---

[59] Vgl. Kaymaz, F. (2011), S. 58.
[60] Vgl. Kleine, J., Venzin, M., Ludwig, F., Krautbauer, M. (2012), S. 7.
[61] Das Steinbeis Research Center for financial Services betreibt Forschung für den Finanzdienstleistungssektor.
[62] Vgl. Kleine, J., Venzin, M., Ludwig, F., Krautbauer, M. (2012a), S.3.
[63] Vgl. Kleine, J., Venzin, M., Ludwig, F., Krautbauer, M. (2012b), S.7.
[64] Vgl. Dapp, T. F. (2013), S. 16.
[65] Vgl. Kleine, J., Venzin, M., Ludwig, F., Krautbauer, M. (2012), S. 8.
[66] Vgl. Dong, L., Chen, K. (2012), S. 26.
[67] Vgl. Kaymaz, F. (2011), S. 60.

3.1.5 Payment Service Provider

Wie in Abbildung 7 dargestellt, ist der Payment Service Provider (PSP) auch ein Teil eines MP-Ökosystems. Der PSP ist ein Unternehmen, das für die technische Abwicklung, Transaktion und Steuerung des Prozesses zwischen Händler, Konsumenten und TTP verantwortlich ist.[68] Dabei sollte jeder PSP nach dem Payment Card Industry Data Security Standard (PCI DSS) zertifiziert sein, damit der Händler die Kreditkarten- und Bankdaten des Kunden nicht zu speichern braucht.[69] In einem MP-Ökosystem nutzt der Kunde sein mobiles Endgerät, um ein Produkt bzw. eine Dienstleistung zu erwerben. Der Händler bzw. Anbieter leitet diese Transaktion an seinen PSP. Der PSP fragt den TTP nach der Authentifikation und Berechtigung des Kunden. Nach einer erfolgreichen Authentifizierung und Autorisierung informiert der PSP den Händler und veranlasst die Zahlung.[70] In Deutschland gibt es zahlreiche PSP, wie PayPal, Moneybookers, Payone, Deutsche Card Services, WireCard und viele andere Anbieter.[71] Um im Rahmen dieser Studie zu bleiben, wird hier nur PayPal näher betrachtet.

Eines der bekanntesten und erfolgreichsten Online-Bezahldienste ist PayPal.[72] PayPal ist das amerikanische Privatunternehmen, welches seit 1999 das Online-Bezahlverfahren P2P (Peer-to-Peer) betreibt.[73] Über PayPal können Unternehmen sowie Privatpersonen Zahlungen schnell, sicher und bequem online durchführen. Nach eigenen Angaben hat PayPal weltweit „mehr als 128 Millionen aktive Kundenkonten und steht Nutzern in 193 Märkten"[74] zur Verfügung. Seit 2004 wird PayPal in Deutschland angeboten und zählt 20 Millionen Kundenkonten, wobei im September 2012 über 10 Millionen davon aktiv waren.[75]

PayPal bietet seinen Privatkunden, die PayPal ausschließlich als Online-Bezahlmöglichkeit nutzen, ein Privatkonto an. Seinen gewerblichen Kunden stellt das Unternehmen ein Geschäftskonto mit weiteren Funktionen, wie den Zugang für mehrere Mitarbeiter zur Verfügung. Kontoeröffnung sowie Kontoführung und das Bezahlen mit dem PayPal ist sowohl für Privatnutzer als auch für Geschäftskunden kostenlos.[76]

---

[68] Vgl. Venkataram, P., Babu, S. B. (2010), S. 192.
[69] Vgl. Bvdw.org, Abruf am 28.03.2014.
[70] Vgl. Venkataram, P., Babu, S. B. (2010), S. 193.
[71] Vgl. Vanillabanking.de, Abruf am 26.03.2014.
[72] Vgl. Schröder, M. (2011), S. 185.
[73] Vgl. Höft, M. (2002), S. 47.
[74] PayPal (2013), Paypal.de/presse/unternehmen/, Abruf am 23.03.2014.
[75] Vgl. Sawall, A. (2012), Golem.de, Abruf am 23.03.2014.
[76] Vgl. PayPal (2013), Paypal.de/presse/unternehmen/, Abruf am 23.03.2014.

Zunächst wird bei PayPal ein Konto mit Angabe der Bankverbindung oder Kreditkarte eröffnet. Nach erfolgreicher Registrierung wird bei Geschäftsabschlüssen lediglich die E-Mail Adresse und ein Passwort abgefragt. Zahlen per PayPal ist daher sicher, weil der Verkäufer die Bankdaten der Kunden nicht sehen kann und zusätzlich schützen Verschlüsselungstechniken wie das SSL-Protokoll die Daten der Kunden.[77]

PayPal stellte am 26. November 2013 seinen neuen Bezahl-Service ‚In-Check' in Berlin vor, welches dem Kunden eine bargeldlose Bezahlmöglichkeit mit dem Smartphone ermöglicht.[78] „PayPal-Nutzer können damit einfacher als jemals zuvor mit ihrem PayPal-Account mobil bezahlen und ihre Geldbörse künftig zu Hause lassen."[79]

3.2 Wertschöpfungskette

Die Wertschöpfungskette von MP besteht grundsätzlich aus acht Kernelementen, die in Abbildung 8 dargestellt werden.

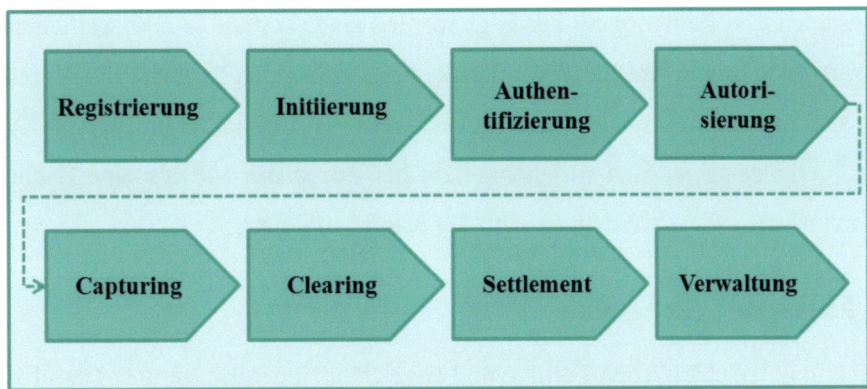

Abbildung 8: Wertschöpfungskette von Mobile-Payment

In Anlehnung an: Contius, R., Martignoni, R. (2003), S. 61.

Um MP als ein neues und innovatives Bezahlverfahren erfolgreich auf dem Markt einzuführen, müssen zuerst Konsumenten und Händler als potenzielle Kunden gewonnen werden. Die Registrierung befasst sich mit dem Prozess Kundengewinnung, Markteinführung und die Förderung der Kunden, diese Dienstleistungen auch zu nutzen. Dazu gehört noch nach der Einführung und Interessengewinnung der Vertragsabschluss. Eine

---

[77] Vgl. PayPal (2014), Paypal.com/de/webapps, Abruf am 23.03.2014.
[78] Vgl. TechCrunch (2014), Techcrunch.com, Abruf am 23.03.2014.
[79] PayPal (2013), Paypal.de/presse/unternehmen/, Abruf am 23.03.2014.

der herausfordernden Punkte für den Erfolg während der Markteinführung ist das Errei-chen der kritischen Masse.[80] Diese wird in Kapitel 5.1 detailliert erklärt.

Der Schritt Initiierung beinhaltet die Herstellung einer elektronischen Verbindung zwi-schen Händler, Kunden und MP-Anbieter. Über diese Verbindung werden die Transak-tionen und Zahlungsvorgänge abgewickelt und dies dient der Authentifizierung und Autorisierung des Kunden. Der zentrale und grundlegende Punkt innerhalb der Wert-schöpfungskette eines MP-Verfahrens ist die effektive Authentifizierung von Kunden durch den MP-Anbieter. Jede Transaktion soll durch den MP-Anbieter autorisiert wer-den. Durch die Autorisierung werden die Zahlungsgarantien und Ausfallrisiken abge-deckt bzw. gewährleistet.[81]

Beim Capturing werden Transaktionen in einer Datenbank erfasst. Bevor ein Zahlungs-vorgang durchgeführt wird, sollte der zuerst übertragen, abgestimmt und teilweise noch bestätigt werden. Diese Aktivitäten fallen unter den Begriff Clearing. Nachdem Über-tragungsdaten und Zahlvorgang bestätigt worden sind, kommt es zum Settlement und damit zum endgültigen Ausgleich von Beträgen zwischen den Parteien. Die Verwaltung befasst sich mit der Rechnungserstellung und weiteren Aktivitäten im Bereich Kunden-service.[82] Die verschiedenen Möglichkeiten, bei denen das MP als eine Zahlungsart eingesetzt werden kann, werden im nächsten Kapitel erläutert.

3.3 Einsatzmöglichkeiten

MP kann in unterschiedlichen Formen und Bereichen eingesetzt werden. Damit können sowohl digitale Güter, wie Klingeltöne, Logos, Musik oder Parkgebühren als auch phy-sische Güter an einem Automaten oder bei einem stationären Händlern z. B. im Super-markt und am POS bezahlt werden.[83] Weiterhin kann MP für einen Geldtransfer von einer Person zur einer anderen Person (P2P – Person to Person) zum privaten Zweck verwendet werden. Neben diesen Einsatzgebieten kann MP abhängig vom Transakti-onsvolumen, Micro- und Macropayments, unterschiedlich eingesetzt werden. Während es sich bei Micropayments um Kleinbeträge bis zu fünf Euro handelt, sind Macropay-ments Beträge über fünf Euro.[84] Auch bei der Informationsübertragung werden zwei Arten bzw. Kategorien unterschieden. Bei Dial-Up-Payment werden die Informationen

---

[80] Vgl. Contius, R., Martignoni, R. (2003a), S. 61.
[81] Vgl. Contius, R., Martignoni, R. (2003b), S. 61f.
[82] Vgl. Contius, R., Martignoni, R. (2003c), S. 62.
[83] Vgl. Amberg, M., Lang, M. (2011), S. 223.
[84] Vgl. Kaymaz, F. (2011), S. 24.

über das Mobilfunknetz übertragen und bei Scan-Payment werden die Daten über Nah-funktechnik übermittelt.[85] Es wird noch unterschieden, ob der Kunde bei einem Bezahl-vorgang persönlich anwesend - Proximity MP - oder abwesend - Remote MP – ist.[86] In der Abbildung 9 werden die Zusammenhänge zwischen verschiedenen Kategorien und ihren Einsatzgebieten deutlich erkennbar.

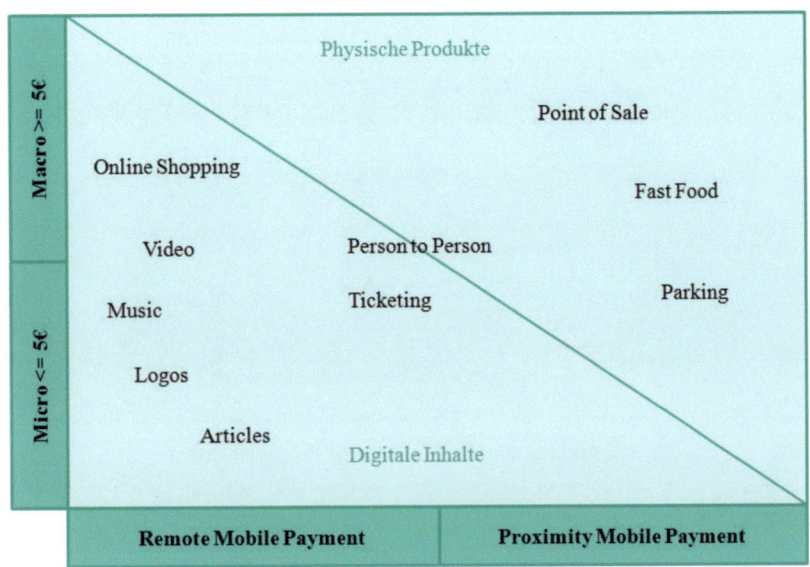

Abbildung 9: Mobile-Payment Einsatzgebiete
In Anlehnung an: Kaymaz, F. (2011), S. 25.

3.4 Prozessablauf

Um eine Zahlungstransaktion über ein MP-System durchzuführen, sind einige Schritte notwendig:[87]

- Als erstes wird der Zahlungsprozess durch den Kunden initiiert,
- Im zweiten Schritt muss eine Verbindung zwischen Kunde, Händler und PSP hergestellt werden,
- Anschließend wird der Kunde anhand einer PIN-Nummer oder eines Passworts vom PSP autorisiert und die Berechtigung des Kunden für die Durchführung des Bezahlvorganges geprüft,
- Als nächstes wird die Abrechnung durchgeführt und detaillierte Zahlungsinfor-mationen werden übermittelt,

---

[85] Vgl. Kreimer, T., Rodenkirchen, S. (2010), S. 5.
[86] Kapitel 2.2.5.
[87] Vgl. Schweikle, R. (2009), S. 288f.

- Bei einer erfolgreichen Zahlungsbestätigung wird die Ware bzw. Dienstleistung an den Kunden geliefert

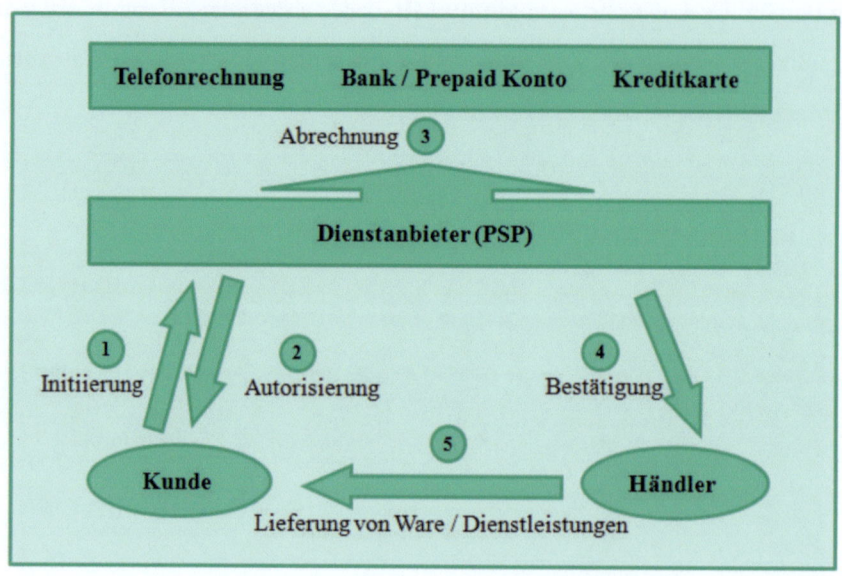

Abbildung 10: Mobile-Payment Prozessablauf

In Anlehnung an: Kreimer, T., Rodenkirchen, S. (2010), S. 6., Schweikle, R. (2009), S. 288.

Abbildung 10 zeigt den Ablaufprozess zwischen den Marktteilnehmern eines MP-Ökosystems. Bei einem MP-Verfahren können Kunden entscheiden, ob die Abrechnung über eine Bank bzw. ein Kreditinstitut, über ein Telekommunikationsunternehmen oder sogar über ein Technologieunternehmen abgewickelt werden soll. Welche dieser Arten bei den Kunden am beliebtesten ist, zeigt die quantitative Befragung des Verbrauchers, die im Kapitel 6.3.5 vorgestellt wird.

3.5 Übermittlungsmethoden und Technologien

3.5.1 NFC

Near Field Communication (NFC) ist ein Übertragungsstandard für den kontaktlosen Austausch von Nachrichten und Daten über einer Distanz von 3 bis 10 cm[88] und ist eine der Technologien, die für das kontaktlose Bezahlen eingesetzt werden kann. Sony[89] und Philips[90] haben gemeinsam NFC entwickelt.[91] Die NFC-Technologie ist Ende 2003 von

---

[88] Vgl. Langer, J., Roland, M. (2010), S. 1.
[89] Sony Corporation ist nach Hitachi und Panasonic der drittgrößte japanische Elektronikkonzern mit Sitz in Minato, Tokio.
[90] Die Koninklijke Philips N.V. ist einer der weltgrößten Elektronikkonzerne mit Sitz im Amsterdam.
[91] Vgl. Gratton, D. A. (2007a), S. 219.

ECMA, ISO und IEC genehmigt worden.[92] NFC basiert auf Radio Frequency Identification (RFID)-Technologie und Chipkarten.[93] RFID ist eine funkbasierte Nachrichtentechnologie, die Benutzern ermöglicht, markierte Gegenstände bzw. Personen eindeutig zu identifizieren.[94]

Ein RFID-System besteht aus drei Komponenten:[95]

- Einem sogenannten Transponder, der aus einer Antenne, einem Halbleiterchip und manchmal einer Batterie zusammengesetzt wird und eingehende Signale aufnimmt,
- Einem Lesegerät, das aus einer Antenne, einem RF-Modul (Radio Frequency) und einem Kontroll-Modul besteht,
- Einem Controller, meistens in Form eines PCs (Personal Computer)

Der Transponder und das Lesegerät tauschen Informationen über hochfrequente elektromagnetische Wechselfelder miteinander aus.[96]

Um den Zahlungsvorgang bei einem MP-Verfahren am POS durchzuführen, kann die NFC-Technologie eingesetzt werden. Dafür gibt es zwei Möglichkeiten. Entweder ein mobiles Endgerät mit integrierter NFC-Technologie oder ein NFC-Sticker, der auf das Handy aufgeklebt wird. Die integrierte NFC-Technologie im mobilen Endgerät bzw. Smartphone bietet mehr Anwendungsmöglichkeiten als der NFC-Sticker. Damit sind beispielsweise außer Zahlungsvorgänge, Zugangskarten für Gebäude, Couponing[97], Mobile-Ticketing[98] sowie Austausch von Daten zwischen NFC-fähigen Geräten möglich. Für die Durchführung der Zahlungstransaktion wird das mobile Endgerät mit der integrierten NFC-Technologie oder der NFC-Sticker in einem Abstand kleiner als drei bis vier Zentimeter an das Lesegerät gehalten.[99] Studien zeigen, dass der Einsatz und die Akzeptanz von MP über NFC-Technologie sich noch in Grenzen hält, da zu den NFC-fähigen Smartphones seitens des Verbrauchers noch die NFC-fähigen Lesegeräte seitens des Händlers benötigt werden.

---

[92] Vgl. Gratton, D. A. (2007b), S. 219.
[93] Vgl. Langer, J., Roland, M. (2010), S. 1.
[94] Vgl. Hunt, V. D., Puglia, A., Puglia, M. (2007a), S. 1.
[95] Vgl. Hunt, V. D., Puglia, A., Puglia, M. (2007b), S. 5.
[96] Vgl. Hunt, V. D., Puglia, A., Puglia, M. (2007c), S. 5.
[97] Couponing ist ein Kommunikationsinstrument der Werbung innerhalb eines Marketingplans.
[98] Mobile-Ticketing ermöglicht zusätzlich zum Kauf eines Tickets den Einsatz des Smartphones als Substitut vom physischen Ticket.
[99] Vgl. Reichl, W., Ruhle, E. O., Kittl, J. (2014), S. 21f.

3.5.2 BLE

Bluetooth Low Energy (BLE) ist die Erweiterung der Bluetooth-Technologie. Bluetooth ist eine Standard-Technologie, die mobilen Endgeräten erlaubt kleine Datenmengen über eine Reichweite bis zu 100 Meter über Radio-Frequenzen kostengünstig und schnell zu übertragen.[100] Der Unterschied zwischen traditionellem Bluetooth und BLE ist der geringe Stromverbrauch bei BLE. Dies bringt für den Verbraucher Vorteile gegenüber andere Technologien wie NFC.[101] Die wichtigste Eigenschaften der BLE sind: sehr geringer Energiebedarf, kleine Datenmenge, niedrige Kosten, kurze Reichweite, schnelle Verbindung, sicher und kompatibel.[102] BLE unterscheidet sich von NFC in folgenden Punkten:

- Die eingesetzten Technologien für die Kommunikation und Datenübertragung. BLE basiert auf Bluetooth-Technologie, während NFC die Near Field Communication-Technologie nutzt[103],
- Die Reichweite von NFC beträgt bis ca. 20cm, während BLE mehrere Meter erreicht[104],
- BLE wird von vielen mobilen Endgeräten unterstützt, während NFC-fähige Endgeräte nur sehr beschränkt unterstützt werden,
- NFC bietet höhere Sicherheitsmaßnahmen als BLE,
- BLE überträgt nur Ortsinformationen, NFC die Zahlungsinformationen[105]

Eine weitere Methode, die beim kontaktlosen Bezahlen eingesetzt werden kann, ist die QR-Code-Technologie. Diese wird im nächsten Kapitel beschrieben.

3.5.3 Quick-Response-Code

Der Quick-Response (QR)-Code steht für schnelle Reaktion und ist eine Weiterentwicklung des Barcodes, der 1994 von einer japanischen Firma entwickelt wurde. Der Code ist zweidimensional und besteht aus schwarzen Mustern, die mit bloßem Auge nicht zu entziffern sind. Die Daten werden in zwei Richtungen Horizontal und Vertikal gespeichert. Somit passen auf eine kleine Fläche ca. 4.000 Zeichen, bestehen aus Buchstaben, Zeichen und Zahlen. Der Vorteil bei QR-Codes ist, dass auf einer kleinen Fläche viele

---

[100] Vgl. Gupta, N. (2013), S. 6f.
[101] Vgl. Reuter, M. (2013), Appadvisors.de, Abruf am 12.04.2014.
[102] Vgl. Gupta, N. (2013), S. 6f.
[103] Vgl. Rapidnfc.com (2014), Abruf am 12.04.2014.
[104] Vgl. Maybury, R. (2011), Telegraph.co.uk, Abruf am 12.04.2014.
[105] Vgl. Rapidnfc.com (2014), Abruf am 12.04.2014.

verschlüsselte Informationen, Elemente und Zusatzdaten untergebracht werden.[106] Dieser Code kann von Smartphones mit eingebauter Kamera gelesen und entschlüsselt werden. Die QR-Codes können für Rabattgutscheine, Gewinnspiele, Werbung und oder für komplizierte lange Internetadressen verwendet werden.[107] Für MP im stationären Handel können die QR-Codes auch eingesetzt werden. Der Unterschied zwischen NFC und QR-Code liegt daran, dass die QR-Codes von allen Smartphones benutzt werden können, wogegen NFC nur von Smartphones mit integrierten NFC oder aufgeklebtem NFC-Sticker eingesetzt werden kann. Beispiele dafür sind Paij[108] und die PayCash. Das Angebot von Paij basiert auf QR-Code und einer Paij-App, die auf dem Smartphone installiert werden soll. Hier erzeugt der Händler einen QR-Code, der unter anderem den Rechnungsbetrag enthält. Der Kunde scannt diesen mit der Paij-App, sendet ihn an Paij und Paij überträgt das Geld mit Hilfe des vom Kunden vorausgewählten Bezahlverfahren. Eingesetzt wird das Paij-App-Verfahren in Wiesbaden in einer Kooperation mit einer Taxi-Gesellschaft.[109] Durch einen Paij-Navigator kann der Kunde herausfinden, wo er überall mit Paij bargeldlos bezahlen bzw. einkaufen kann.[110]

3.5.4 Cloud Computing

Cloud Computing kann als eine neue Technologie bezeichnet werden, in dem virtuelle Dienste und IT-Ressourcen über das Internet zur Verfügung gestellt werden.[111] Das Cloud Computing beschreibt einen technischen Vorgang, der der Wirtschaft ein innovatives Geschäftsmodell im Informationstechnologieumfeld bietet und neue Wege für Anbieter und Verbraucher öffnet. Dadurch können Kunden IT-Dienste in Anspruch nehmen, ohne über die notwendige Soft- und Hardware verfügen zu müssen. Die erforderliche Soft- und Hardware wird von den Anbietern über das Internet den Kunden zur Verfügung gestellt. Um cloudbasierte Dienste und Anwendungsprograme nutzen zu können, benötigen Kunden nur ein netzwerkfähiges Endgerät wie PC, Laptop, Smartphone oder PDA und den Zugang zum Internet.[112] Mittlerweile ist Cloud Computing in vielen Branchen wie Wissenschaft, Gesundheitswesen, Pharmaindustrie, Logistik und

---

[106] Vgl. Hengsbach, A. (2011), Computerbild.de, Abruf am 10.04.2014.
[107] Vgl. Lambertz, S. (2013), Ecckoeln.de, Abruf am 09.04.2014.
[108] Paij ist ein mobiler Bezahldienst, der von der redpixtec. GmbH entwickelt und vertrieben wird.
[109] Vgl. Klotz, M. (2014), T3n.de/news/mobile-payment, Abruf am 12.04.2014.
[110] Vgl. Paij.com/de, Abruf am 11.05.2014.
[111] Vgl. Furth, B., Escalante, A. (2010), S. 3.
[112] Vgl. Giedke, A. (2013a), S. 3f.

Reisebüros etabliert.[113] Auch MP-Anbieter wollen von der neuen Technologie profitieren und nutzen sie, um sich und ihre Angebote am Markt zu positionieren.

Mittels cloudbasierter Technologien werden Datenübertragungen und Transaktionen für kontaktlose Bezahlverfahren durchgeführt. Die Kreditkartenanbieter Visa und Mastercard haben ihre MP-Dienste um cloudbasierte Verfahren, die durch Host Card Emulation[114] (HCE) realisiert werden, erweitert und bieten ihren Kunden diesen Dienst seit Februar 2014 an.[115]

3.5.5 TAN-Verfahren

Ein weiterer Weg ganz ohne technische Zusätze bietet das TAN-Verfahren. Dieses Verfahren wird bereits vom Netto Markt-Discounter[116] eingesetzt. Dabei lädt der Kunde eine App auf sein mobiles Endgerät bzw. Smartphone und registriert sich für dieses Bezahlverfahren. Vor Ort wird von dieser App auf dem Smartphone eine nur für diesen Standort gültige TAN[117] erzeugt, die wenige Minuten gültig ist. Durch die Eingabe dieser TAN in die Kasse wird die Zahlung legitimiert.[118] Die NettoApp hat im Februar 2014 den Retails Technology Awards Europe Auszeichnung in der Kategorie Best Customer Experience bekommen. Der Preis ist eine Auszeichnung, die von EHI[119] Retail Institute an Unternehmen verliehen wird, die die besten Lösungen und innovative Einkauferlebnisse für Verbraucher entwickelt haben. Über die NettoApp werden außer dem mobilen Bezahlen noch weitere Dienstleistungen wie Couponeinlösung, Punkte sammeln und noch weitere Services angeboten.[120] Die Kritik an diesem Verfahren ist, dass es sich um eine sogenannte Insellösung handelt und keine Standardlösung, die Kunden überall einsetzen können.

3.5.6 SMS-Technologie

Über die Short Message Service (SMS)-Technologie können Textnachrichten über das mobile Endgerät gesendet bzw. empfangen werden. Die SMS-Technologie basiert auf

---

[113] Vgl. Giedke, A. (2013b), S. 8f.
[114] Host Card Emulation emuliert das sogenannte Secure Element auf der SIM-Karte.
[115] Vgl. Out-law.com/articles (2014), Abruf am 11.05.2014.
[116] Netto Marken-Discount AG & Co. KG ist ein Lebensmitteldiscounter und Tochterunternehmen von Edeka.
[117] TAN ist eine Transaktionsnummer. Ein einmal Passwort, das üblicherweise aus sechs Dezimalziffern besteht.
[118] Vgl. Klotz, M. (2014), T3n.de/news/mobile-payment, Abruf am 12.04.2014.
[119] Das EHI ist ein wissenschaftliches Institute des Handels. Zu seinen mehr als 600 Mitgliedern zählen Handelsunternehmen und deren Branchenverbände.
[120] Vgl. Wallstreet-online.de, Abruf am 24.04.2014.

dem GSM-Netz.[121] Über den SMS-Dienst können zusätzliche Informationen über Börse, Wetter, News und Sport übermittelt werden. Darüber hinaus werden Abrechnungsmöglichkeiten im Micropayment-Bereich angeboten. Dieses Verfahren nennt sich Premium SMS. Die Kosten dieses Services erscheinen auf der monatlichen Mobilfunkabrechnung. Das SMS-Verfahren war bis Ende 2011 eine der dominierenden MP-Technologien.[122] Eine weitere Möglichkeit SMS-Technologie in MP einzusetzen, ist die Identifizierung und Autorisierung. Dieses Verfahren wird meistens bei Proximity[123] MP eingesetzt. Dabei werden zwei Formen der Anwendung unterschieden.

- Initiierung durch Kunden:
  Der Kunde versendet mit Hilfe einer App oder direkt über den SMS-Dienst eine SMS mit vordefiniertem Text an eine Mobilfunknummer, die vom Händler bzw. SP bereitgestellt ist. Die gewünschte Leistung wird vom Händler bzw. SP bestätigt. Ein Beispiel hierfür ist Mobile-Parking zum Erwerb von elektronischen Parktickets über das mobile Endgerät.[124]

- Initiierung durch Händler:
  Hier wird vom Händler bzw. Service Provider eine SMS an Kunden geschickt. Damit wird der Kunde aufgefordert, zu zahlen. Durch die Bestätigung dieses SMS wird die Zahlung abgeschlossen. Als Beispiel können Lieferdienste oder die Bezahlung am POS genannt werden.[125]

Die unterschiedlichen Technologien für MP-Verfahren sind in diesem Kapitel dargestellt. Aber um ein innovatives Zahlungsmodell erfolgreich auf den Markt zu bringen, muss zusätzlich ein dazu passendes Geschäftsmodell und Strategie identifiziert und entwickelt werden. Diese werden im nächsten Kapitel erläutert.

---

[121] Vgl. Zerfos, P. (2006), S. 1.
[122] Vgl. Kaymaz, F. (2011), S. 32f.
[123] Vgl. Kapitel 2.2.5.
[124] Vgl. Meier, A., Stormer, H. (2009), S. 176.
[125] Vgl. Paybox.at, Abruf am 12.04.2014.

4 Geschäftsmodellinnovationen

4.1 Probleme beim Marktdurchbruch

Der Begriff Innovation bedeutet etwas Neuartiges. Etwas mit neuer und verbesserter Qualität, das sich von den bisherigen Lösungen unterscheidet.[126] Für den ökonomischen Erfolg einer Innovation ist die Durchsetzung der neuen Produkte und Dienstleistungen auf dem Markt notwendig. Eine Innovation kann nur dann erfolgreich sein, wenn sie für die eingesetzte Technologie und den daraus entstehenden Produkten und Dienstleistungen geeignete Strukturen und Prozesse des Innovationsmanagements anwendet.[127] Ein anderes Kriterium für den Erfolg ist, dass diese bei geringen Kosten zu einem möglichst hohen Umsatz führt. Für eine stabile und erfolgreiche Kundenbindung und damit langfristige Existenz der Innovation am Markt spielt die Befriedigung von Kundenbedürfnissen eine wesentliche Rolle.[128] Zusätzlich „müssen einzelne Branchen als Teil der Volkswirtschaft die Kompetenz und den Mut zur Schaffung von Neuartigem beibringen".[129] Da der Markt der Mobilfunkbranche seinen Sättigungsgrad erreicht hat, sollte bei einer Innovation in dieser Branche der Schwerpunkt von neuen Produkten und einzelnen Dienstleistungen eher auf ein innovatives Geschäftsmodell verlagert werden, das Kunden, Geschäftspartner und andere Marktteilnehmer einschließt.[130]

Die Entwicklung solch eines Geschäftsmodells ist der zentrale Schlüssel zur Existenzsicherung und auch notwendig als ein klarer Wettbewerbsvorteil fürs Überleben am Markt. Hierbei können sich Chancen und Wege ergeben, die die Wettbewerber noch nicht erkannt und eingesetzt haben. Darüber hinaus können durch innovative Geschäftsmodelle Wachstumsimpulse entstehen, die wiederum als Erfolgsfaktor gesehen werden können.[131] Dadurch dass Geschäftsmodellinnovationen starken Einfluss auf den Erfolg bzw. Misserfolg eines Unternehmens auf dem Markt haben, stellt sich die Frage, wie Unternehmen ihre Geschäftsmodelle am besten gestalten sollen und welche Möglichkeiten sie dabei haben.[132] Um diese Fragen zu beantworten, wird zuerst der Begriff Geschäftsmodell definiert, dann wird dargestellt, auf welcher Basis ein solches Geschäftsmodell entsteht.

---

[126] Vgl. Balmer, R., Inversini, S., Planta, A., Semmer, N. (2000), S. 2.
[127] Vgl. Alberts, S. (2001), S. 1.
[128] Vgl. Kruse, J. (2003), S. 97.
[129] Hendrix, A. (2005), S. 1.
[130] Vgl. Bieger, T., Bickhoff, N., Knyphausen-Aufseß, D. (2002), S. 2.
[131] Vgl. Hendrix, A. (2005a), S. 2.
[132] Vgl. Hendrix, A. (2005b), S. 3.

Heute basiert die Entstehung von vielen innovativen Geschäftsmodellen auf Internet und mobilen Entwicklungen. Dabei wird von Killer-Applikationen gesprochen, durch die die alte und bestehende Industrie durch komplett neue und unbekannte ersetzt wird. In der Anfangsphase gibt es wie bei jeder Innovation viele Probleme. Die eingesetzten Technologien sollen einfach umsetzbar sein, aber gleichzeitig viele Leistungen und hohe Sicherheiten bieten können.[133] Was ein Geschäftsmodell ist und welche Merkmale es besitzt, wird in dem nächsten Kapitel erläutert.

4.2   Definition und Merkmale eines Geschäftsmodells

Wenn es um die Entwicklung von neuen und innovativen Ideen geht, ist der Begriff Geschäftsmodell das meistverwendete Schlüsselwort im Management. Von der anderen Seite gibt es aber keine eindeutige Definition für diesen Begriff, da jedes Unternehmen sein eigenes Geschäftsmodell verfolgt. Ein Geschäftsmodell zeigt, wie ein Unternehmen funktioniert, ist aber keine Strategie, sondern eine modellhafte Beschreibung, worauf die späteren Unternehmensstrategien basieren können.[134] Jedes Geschäftsmodell hat zwei Merkmale, zum einen das Geschäft und zum anderen das Modell, die eng zusammenhängen und eine Repräsentation jedes Unternehmens sind. Zusätzlich verkörpert ein Geschäftsmodell das Unternehmensgeschäft.[135] Ein Geschäftsmodell beinhaltet drei Hauptkomponenten, woraus die folgenden und wichtigen Fragen für jede Art vom Geschäft beantwortet werden:[136]

- Die Value Proposition beantwortet die Frage, welche Nutzen können Kunden und wichtige Geschäftspartner aus der Geschäftsbeziehung mit dem Unternehmen ziehen. Mit Festlegung der Value Proposition werden die nähere Bestimmung und der Zweck des Geschäftsmodells ausgedrückt[137],

- Die Architektur der Wertschöpfung geht auf die Frage ein, wie die Leistung für den Kunden durch die verschiedenen Stufen der Wertschöpfung generiert werden. Die Wertschöpfungsarchitektur beschreibt, wie die Value Proposition erfüllt werden kann,

- Das Ertragsmodell beinhaltet die Antworten auf die Frage, welche Einnahmen das Unternehmen hat und wodurch das Unternehmen Geld verdient

---

[133] Vgl. Reuter, M. (2013), Appadvisors.de, Abruf am 12.04.2014.
[134] Vgl. Business-model-innovation.com/Geschäftsmodell, Abruf am 05.04.2014.
[135] Vgl. Hendrix, A. (2005), S. 16.
[136] Vgl. Business-model-innovation.com/Geschäftsmodell, Abruf am 05.04.2014.
[137] Vgl. Hendrix, A. (2005), S. 36.

Durch den steigenden Wettbewerb wollen Unternehmen immer innovativer werden, deshalb investieren sie viel in neue Produkte und Dienstleistungen. Aber weil alle Unternehmen in einer Branche ähnliche Ansätze haben, kann der Wettbewerbsvorteil eines Geschäftsmodells nicht genutzt werden. Eine Möglichkeit ist aber, das Geschäftsmodell als Ansatz einer Veränderung für neue Innovationen zu sehen und dadurch ein stärkeres und wettbewerbsfähigeres Geschäftsmodell zu gestalten.[138]

4.3   Innovation und Geschäftsmodellinnovationen

Geschka beschreibt eine Innovation als „Schaffen und Durchsetzen von Veränderungen mutativen Charakters."[139] Somit ist eine Geschäftsmodellinnovation die Veränderung und verbesserte Neuerung eines Geschäftsmodells innerhalb eines Unternehmens. Die Frage ist, wie ein Unternehmen durch die Veränderung seines Geschäftsmodells neue Werte für seinen Kunden schaffen und mehr Kunden für sich gewinnen kann.[140] In der Innovationswissenschaft werden Innovationen in Produkt- und Prozessinnovationen kategorisiert. Die Produktinnovationen beziehen sich auf die Veränderungen und Neuerungen von sozio-technischen Systemen, während die Prozessinnovationen Verbesserungen und Neuerungen von Unternehmensprozessen anstreben.[141] Eine Geschäftsmodellinnovation ist das Ergebnis eines qualitativ veränderten und neuausgerichteten Geschäftsmodells[142], das dem Unternehmen den Weg zur Erreichung neu angesetzter Ziele zeigt.

Wie in Kapitel 4.2 dargestellt, besteht ein Geschäftsmodell aus drei Komponenten, die in enger Verbindung zueinander stehen. Daher zieht eine Veränderung in einer Komponente Veränderungen in anderen Komponenten nach sich.[143]

In der digitalen und wirtschaftlichen Netzwerkökonomie können folgende Innovationstypen beobachtet werden:[144]

---

138 Vgl. Business-model-innovation.com/Geschäftsmodell, Abruf am 06.04.2014.
139 Geschka, H. (1983), S. 823.
140 Vgl. Hendrix, A. (2005a), S. 13.
141 Vgl. Hendrix, A. (2005b), S. 43.
142 Vgl. Hendrix, A. (2005c), S. 44.
143 Vgl. Business-model-innovation.com/Geschäftsmodell, Abruf am 06.04.2014.
144 Vgl. Business-model-innovation.com/Geschäftsmodell, Abruf am 06.04.2014.

40

- Value Innovationen,

- Architektonische Innovationen,

- Innovationen bei den Koordinationsmechanismen,

- Ertragsmodellinnovationen

Diese werden anhand von Beispielen in den nächsten Kapiteln detailliert dargelegt.

4.3.1 Value Innovationen

In einer Value Innovation geht es um die Veränderungen des Nutzens für Kunden bzw. Lieferanten, dessen Bedürfnisse durch bisherige Produkte nicht befriedigt wurden. Value Innovationen stillen nicht nur die noch nicht befriedigten Kundenbedürfnisse, sondern auch die noch versteckten und verborgenen Bedürfnisse. Daher können durch Value Innovationen ganz neue Märkte entstehen. Jede Veränderung in der Value Proposition zieht weitere Veränderungen im gesamten Geschäftsmodell nach sich, insbesondere können Veränderungen in der Wertschöpfungsarchitektur entstehen.[145]

Als gutes Beispiel für die Value Innovation kann eBay[146] genannt werden. Am Anfang war eBay eine Auktionsplattform für Käufer und Verkäufer, um Gebrauchtware zu erwerben bzw. zu verkaufen. Durch die hohe Anzahl an Anbietern und Nachfragern werden zusätzlich neue Waren angeboten. Aufgrund der hohen Nachfrage wird diese Plattform nicht nur von Konsumenten verwendet, sondern auch von Unternehmen. Durch die Bereitstellung von Liquidität für alle Arten von austauschbaren Produkten und Dienstleistungen hat eBay eine Value Innovation in seinem Geschäftsmodell erreicht und ist damit der Marktführer.[147] Die Telekommunikationsanbieter können diese Innovationsart nutzen und ihren Kunden zusätzlich zu dem gewöhnlichen Diensten wie Telefonieren und Datenaustausch noch MP-Dienste anbieten. Dieser Ansatz wird im Kapitel 4.7 ausführlicher betrachtet.

4.3.2 Architektonische Innovationen

Die architektonische Innovationen umfassen alle bewussten Veränderungen der Bestandteile eines Produkt- bzw. Marktentwurfes, um mehr wirtschaftliche Vorteile zu erzielen. Dazu zählen sowohl die Produktinnovationen, Veränderungen in einzelnen Produkten, als auch die Prozessinnovationen und Veränderungen in den Herstellungs-

---

[145] Vgl. Stähler, P. (2002), S. 78.
[146] eBay ist ein US-amerikanisches Unternehmen und betreibt das weltweit größte Internetauktionshaus.
[147] Vgl. Stähler, P. (2002), S. 79.

prozessen. Genauso kann die Schnittstelle zwischen Kunde und Unternehmen als weiterer Ansatzpunkt für die architektonische Innovation gesehen und genutzt werden, bei denen neue und innovative Distributions- und Kommunikationswege geschaffen werden.

Als Beispiel für die architektonische Innovation bietet sich die Firma DELL[148] als zweitgrößter Hersteller von PCs an. DELL zeigt, wie Geschäftsmodellinnovationen zu Wettbewerbsvorteilen führen. Das Geschäftsmodell von DELL unterscheidet sich von anderen traditionellen PC Herstellern:[149]

- DELL verkauft seine PCs direkt an den Kunden ohne Zwischenhändler,

- Im Gegensatz zu traditionellen PC-Herstellern, die nach Verkaufsprognosen produzieren, produziert DELL erst nach Auftragseingang und verzichtet somit auf Lagerhaltung. Der Wertschöpfungsprozess von DELL basiert auf dem sogenannten Pull-System[150].

Diese Veränderungen in der Wertschöpfungsarchitektur führen zu schnellerer Produktion und Lieferung und verhindern zusätzliche Lagerkosten. Der Wettbewerbsvorteil lässt sich daraus ziehen, dass DELL auf die kurzen Produktzyklen in der Computerbranche viel besser und schneller reagieren kann.[151] Dieser Innovationstyp eignet sich weniger für das MP-Verfahren als ein innovatives Geschäftsmodell.

4.3.3 Koordinationsmechanismus Innovationen

Der Koordinationsmechanismus und die damit verbundenen Kommunikationskanäle der Wertschöpfungsstufen des Unternehmens können als ein weiterer Innovationsansatz für das Geschäftsmodell genutzt werden, um neue und innovative Wege zu finden und diese als Wettbewerbsvorteil für sich zu nutzen. Die Innovationen in diesem Bereich können in zwei Formen aufgeteilt werden:[152]

- Eine Veränderung in den bestehenden Koordinationsmechanismus so einzuführen, dass sich die Art des Koordinationsmechanismuses nicht verändert. Als Beispiel können die Preissetzungsmechanismen betrachtet werden. Hierbei wird der Prozess, wie der Preis zustande kommt, verändert wobei er keinen Einfluss

---

[148] DELL ist ein US-amerikanischer Hersteller von Computern.
[149] Vgl. Business-model-innovation.com/Geschäftsmodell, Abruf am 06.04.2014.
[150] Pull-System ist ein System von Supply Chains, bei dem das Unternehmen nur nach der Auftragseingang produziert.
[151] Vgl. Business-model-innovation.com/Geschäftsmodell, Abruf am 06.04.2014.
[152] Vgl. Stähler, P. (2002), S. 82.

auf die marktüblichen Koordinationsformen hat. Beispielsweise werden feste Preise durch variable Preise ersetzt,

- Eine weitere Form des innovativen Koordinationsmechanismus ist die bewusste Veränderung der Art des Koordinationsmechanismus. Beispielsweise ersetzt die marktübliche Koordination die hierarchische Beziehung.

Diese Innovationsart eignet sich ebenfalls nicht für das MP-Verfahren.

4.3.4 Ertragsmodellinnovationen

Das Ertragsmodell eines Unternehmens kann eine oder mehrere Ertragsquellen haben. Von einer Innovation in dem Ertragsmodell wird dann gesprochen, wenn eine Neuerung bzw. Veränderung in dem Ertragsmodell eingeführt wird. Diese Veränderungen haben dann Einfluss auf die Ertragsquellen, bzw. auf die Art, wie die Erträge generiert werden. Es können entweder ganz neue Ertragsdimensionen entwickelt oder die bestehenden neu kombiniert werden.[153] Zusätzlich bringen die Ertragsmodellinnovationen wirtschaftliche Vorteile für das Unternehmen mit sich. Die Veränderungen können in zwei Formen auftreten:[154]

- Eine Form ist eine Veränderung in der Auswahl der Ertragstypen und die Quellen, aus denen die Erträge generiert werden,
- Eine andere Form bezieht sich auf die Veränderung des Ertragstyps an sich

Ein gutes Beispiel für die innovativen Veränderungen in dem Ertragsmodell bietet die Telekommunikationsindustrie. Das ursprüngliche Geschäftsmodell für Erträge ging von einem festen Betrag, der für einen bekannten Kunden ca. zwei Monate im Voraus und den Restbetrag für den bestimmten Zeitraum aus, der nachträglich vom Kunden per Überweisung oder Lastschrift bezahlt wurde. Da dieses Verfahren sehr risikoreich war, mussten die Telekommunikationsunternehmen mit hohem Aufwand und Kosten noch zusätzliche Forderungs- und Kreditmanagements entwickeln, die die Kreditwürdigkeit der Kunden vor dem Vertragsabschluss prüft. Das Problem bei solchen Verfahren ist, dass dabei große Kundengruppen wie Jugendliche automatisch ausgeschlossen werden, da diese nicht kreditwürdig sind. Aus diesem Grund haben die Telekommunikationsunternehmen eine Ertragsmodellinnovation eingeführt. Hierbei zahlen die Kunden keine Grundgebühr und es werden keine Rechnungen mehr erstellt, sondern der Kunde be-

---

[153] Vgl. Lindemann, M. (2011), S. 276.
[154] Vgl. Stähler, P. (2002), S. 83.

zahlt im Vorfeld einen gewissen Betrag, den er abtelefonieren kann. Das Verfahren nennt sich Prepaid[155]. Vorteil für den Kunden ist, dass er immer den Überblick über sein Guthaben behält.[156]

Diese Innovation bringt den Telekommunikationsunternehmen keine Wettbewerbsvorteile, weil alle dieses Verfahren eingeführt haben. Allerdings sind durch diese Einführung neue Wachstumschancen eröffnet worden, weil die Kundengruppe, die bei dem traditionellen Ertragsmodell ausgeschlossen waren, hier wieder bedient werden können.[157] Bezogen auf das MP-Verfahren können die Telekommunikationsunternehmen durch die Veränderung der Ertragsquelle einer weiteren Ertragsmodellinnovation einführen und indirekt ihre Erträge und Umsätze erhöhen.

4.4   Diffusion und Adoption von Innovationen

Der Begriff Diffusion bzw. Diffusionstheorie beschreibt den Prozess, in dem die Vorgänge erforscht werden, wie eine innovative Technologie in den Unternehmen und im Markt eingeführt und adoptiert wird.[158] Rogers beschreibt den Begriff Diffusion im betriebswirtschaftlichen Kontext als einen Prozess, bei dem eine Innovation über gewisse Kanäle und über einen bestimmten Zeitraum an die Mitgliedern eines sozialen Systems kommuniziert wird. Hierbei handelt es sich um eine spezielle Art von Kommunikation, welche Informationen über die neue Idee beinhaltet.[159] Je vorteilhafter die Innovation im Vergleich zu bisherigen Lösungen ist und dadurch zur höheren Befriedigung der Kundenbedürfnisse führt, desto schneller wird dies von den Mitgliedern der sozialen Systeme adoptiert. Hier wird von einer hohen Adoptionsrate gesprochen, die zum Erfolg einer Innovation führen kann.[160] Eine Adoption bezeichnet die Übernahme einer Innovation durch Kunden.[161] Rogers definiert fünf Elemente, die die Adoptionsrate beeinflussen. Das erste Kernelement ist der relative Vorteil, der die Innovation gegenüber existierenden Produkten und Dienstleistungen auf dem Markt hat.[162] Allerdings lässt sich dieser Vorteil nicht so einfach messen, weil er subjektiv ist und produktabhängig

---

[155] Prepaid ist ein Guthaben basiertes Verfahren, bei dem die Nutzung von Dienstleistungen über vorausbezahlte Guthabenkonto möglich ist.
[156] Vgl. Business-model-innovation.com/definitionen/geschaeftsmodellinnovation, Abruf am 06.04.2014.
[157] Vgl. Business-model-innovation.com/definitionen/geschaeftsmodellinnovation, Abruf am 06.04.2014.
[158] Vgl. Stucky, W., Schiefer, G. (2005), S. 37.
[159] Vgl. Rogers, E. M. (2003), S. 5.
[160] Vgl. Stucky, W., Schiefer, G. (2005), S. 37.
[161] Vgl. Weiber, R. (1992), S. 3.
[162] Vgl. Rogers, E. M. (2003), S. 217.

variieren kann.[163] Ein weiterer Faktor ist die Kompatibilität der Innovation mit den vorhandenen und kulturellen Werten, Erfahrungen aus der Vergangenheit und den Bedürfnissen der potenziellen Abnehmer. Eine Innovation, die über hohe Kompatibilität verfügt, löst weniger Unsicherheiten bei den potenziellen Abnehmern aus und führt zu einer höheren Adoptionsrate.[164] Nicht nur die psychische Kompatibilität beeinflusst die Akzeptanzrate, sondern auch die technischen Aspekte einer Innovation spielen dabei eine wesentliche Rolle.[165] Das dritte Charakteristikum stellt die wahrgenommene Komplexität, die die Nutzungsschwierigkeit der Innovation beschreibt, dar.[166] Ein hoher Komplexitätsgrad hat einen negativen Einfluss auf die Adoptions- und Akzeptanzrate bei den Abnehmern.[167] Viertens ist die Erprobbarkeit der Innovation bedeutend.[168] Rogers ist der Meinung, dass die Innovationen, die vorab von einer kleinen Einheit versuchsweise erprobt werden können, allgemein schneller akzeptiert werden als solche, die nicht erprobbar sind.[169] Das fünfte Element ist die Beobachtbarkeit. Hierbei geht es darum, inwieweit die relativen Vorteile und die Nutzungsmöglichkeiten einer Innovation kommunizierbar sind.[170] Alle diese Kriterien, ausgenommen die Komplexität, haben einen positiven Einfluss auf die Adoptions- und Akzeptanzrate jeder Innovation. Bezogen auf das MP-Verfahren als ein innovatives Verfahren sollten alle diese Faktoren beachtet werden. Vor allem sollten die Vorteile, die Konsumenten und Händler durch den Einsatz von MP-Verfahren haben, ersichtlich sein. Denn diese Erkenntnis führt zu einer hohen Adoptionsrate. Der Adoptionsprozess einer Innovation durchläuft fünf Phasen:[171]

- Bewusstseinsphase
  Die Bewusstseinsphase ist der erste Kontakt zwischen dem Kunden und der Innovation. Hier erfährt ein potenzieller Kunde zum ersten Mal von der Innovation und wird über deren Existenz informiert.

- Interessensphase
  Der Kunde entdeckt eine potenzielle Verwendungsmöglichkeit und möchte sich mehr über das Produkt bzw. die Dienstleistung informieren.

---

[163] Vgl. Albers, S. (2001), S. 6.
[164] Vgl. Rogers, E. M. (2003), S. 223.
[165] Vgl. Albers, S. (2001), S. 6.
[166] Vgl. Stucky, W., Schiefer, G. (2005), S. 38.
[167] Vgl. Rogers, E. M. (2003), S. 231.
[168] Vgl. Albers, S. (2001), S. 6.
[169] Vgl. Rogers, E. M. (2001), S. 231.
[170] Vgl. Stucky, W., Schiefer, G. (2005), S. 38.
[171] Vgl. Weiber, R. (1992), S. 4f.

- Bewertungsphase

  In der Bewertungsphase werden Vor- und Nachteile der Innovation kundenseitig abgewogen.

- Versuchsphase

  Innovationen werden in dieser Phase vom Kunden implementiert und ausprobiert.

- Adoptionsphase

  In diese Phase wird die Entscheidung der Adoption und Nutzung der Innovation von Kunden getroffen.

Die Adoptions- bzw. Akzeptanzkriterien, die zu einer steigenden Adoptionsrate führen, werden im nächsten Kapitel beschrieben.

4.5 Akzeptanzkriterien

Wie im Kapitel 3.1 erklärt, sind mindestens drei Parteien, die unterschiedliche Anforderungen und Interessen verfolgen, an einem MP-Ökosystem beteiligt. Auch dessen Akzeptanz ist unterschiedlich und nicht gleichgewichtet. Wie bei den früheren innovativen Bezahlverfahren wie der Kreditkarte zu sehen war, spielt die Kundenakzeptanz für den Erfolg und die Durchsetzung jedes innovativen Bezahlverfahrens eine größere Rolle. Genauso ist die nicht erfolgreiche Durchsetzung der Geldkarte auf dem deutschen Markt ein Beispiel dafür, dass Kunden Bezahlverfahren, die nicht ihren Bedürfnissen entsprechen, nicht annehmen und weniger akzeptieren. Dies ist unter anderem ein Grund für das Scheitern jedes innovativen Geschäftsmodells bzw. Bezahlverfahrens. Wenn andererseits der Kundenakzeptanz ein solch hohes Gewicht zugeschrieben wird, ist zu untersuchen, nach welchen Kriterien diese Entscheidung vom Kunden getroffen wird.[172]

Nach einer Untersuchung der Universität Augsburg im Jahr 2002 wird deutlich, dass Sicherheit und Datenschutz das erste Kriterium und ein entscheidender Faktor für die Verbraucher sind. Denn es handelt sich bei Bezahlverfahren generell um persönliche Daten und die Gefahr des Missbrauchs ist relativ groß. Die Bereitschaft für die Preisgabe von persönlichen Daten wie Adresse und Telefonnummer ist abhängig von der Kultur. Beispielsweise haben die Kunden in den USA weniger Probleme mit der Übermittlung ihrer persönlichen Daten als es in Deutschland der Fall ist. Aus diesem Grund

---

[172] Vgl. Pousttchi, K., Selk, B., Turowski, K. (2002a), S. 53.

steigt die Kundenakzeptanz, wenn weniger Kundendaten bekannt gegeben werden, wie bei MP-Bezahlverfahren. Bei dieser Art Bezahlverfahren werden die Kundendaten einmal bei der Registrierung erfasst und müssen nicht bei jedem Zahlvorgang neu eingegeben werden.[173]

Neben der Sicherheit hat die Vertraulichkeit der Daten auch eine erhebliche Bedeutung. Für Kunden ist es wichtig, wer auf ihre persönlichen Daten zugreifen kann und wie mit ihren Daten umgegangen wird, ob also die Daten vertraulich genug behandelt und nicht an Dritte weitergeleitet werden.[174]

Nach Sicherheit und Vertraulichkeit steht der Faktor Kosten an zweiter Stelle, wenn es um die Akzeptanzkriterien von MP-Zahlungsverfahren geht. Die Kosten setzen sich aus Fix- und Transaktionskosten zusammen. Zu den Fixkosten zählen beispielsweise Grundgebühren, die gleich bleiben, während die Transaktionskosten sich abhängig vom Zahlungsvorgang ändern können. Je niedriger die Kosten für die Kunden, desto höher ist die Akzeptanz.[175]

Das nächste Kriterium ist der Zusatznutzen, wie beispielsweise der Belastungszeitpunkt für den Kunden. Dabei gibt es mehrere Möglichkeiten, entweder die sofortige Belastung wie bei den Prepaid-Karten oder die Belastung des Kunden erst nach der Transaktion wie bei der Kreditkartenverfahren. Eine weitere Möglichkeit ist eine Abrechnung über den Mobilfunkanbieter, was allerdings in Deutschland aus rechtlichen Gründen beschränkt ist. Auch die Höhe der Akzeptanzstelle im Handel ist ein Kriterium für den Kunden. Je weniger die MP-Bezahlmöglichkeit angeboten wird, desto weniger wird diese vom Kunden akzeptiert und eingesetzt.[176]

Zusätzlich zu den genannten Kriterien ist die Benutzerfreundlichkeit ein weiteres Kriterium. Die Benutzerfreundlichkeit lässt sich in Bedienung, wie einfache Umsetzung und verständliche Anwendung, und schnelle Vorgangsdauer unterteilen.[177]

Aus den oben vorgestellten Akzeptanzkriterien kann abgeleitet werden, dass ein MP-Verfahren vom Kunden dann akzeptiert wird, wenn es dem Kunden genügend Sicherheit und Vertraulichkeit bietet, kostengünstig ist, eine hohe Akzeptanz nachweisen kann und für den Kunden einfach und schnell zu bedienen ist.

---

[173] Vgl. Pousttchi, K., Selk, B., Turowski, K. (2002a), S. 54.
[174] Vgl. Pousttchi, K., Selk, B., Turowski, K. (2002b), S. 54f.
[175] Vgl. Pousttchi, K., Selk, B., Turowski, K. (2002c), S. 55.
[176] Vgl. Pousttchi, K., Selk, B., Turowski, K. (2002d), S. 56.
[177] Vgl. Strudthoff, M. (2012), Mobile-zeitgeist.com, Abruf am 31.03.2014.

4.6   Mobile-Payment Szenarien

Viele Firmen sind nicht bereit in die Entwicklung von neuen und innovativen Applikationen oder Services zu investieren, es sei denn, diese werden genügend eingesetzt. Daher ist eine standardisierte und weitverbreitete Akzeptanz entscheidend für den Erfolg des MP-Verfahrens.[178] Im Folgenden werden unterschiedliche Bezahlszenarien von MP dargestellt. Grundsätzlich werden vier Szenarien unterschieden:

- Mobiles Bezahlverfahren (MC)
- Elektronisches Bezahlverfahren (eC)
- Stationäre Händler
    - Person zu Person (SMP)
    - Person zu Automat (SMA)
- Kunde zu Kunde (C2C)

Mobiles Bezahlen, auch Mobile Commerce (MC) Szenario genannt, beschreibt die Abrechnung von kontextsensitiven Informationen, Anwendungen und Diensten wie Bestellen von Konzertkarten, Aufladen von Prepaid-Karten und Musikdownloads.[179]

Im Bezahlszenario electronic Commerce (eC) bzw. elektronisches Bezahlverfahren werden alle Arten des Einkaufens zusammengefasst, die über das stationäre Internet abgewickelt werden, außer MC.[180] Beispiele dafür sind Flugtickets, Bücher bzw. CDs, Zeitschriften und Lesen eines kostenpflichtigen Artikels.[181]

Das Bezahlverfahren beim stationären Händler unterteilt sich in zwei Arten, und zwar stationäre Händler als Person und stationäre Händler als Automat. Das Bezahlen über stationäre Händler als Person beschreibt die Zahlungen an der Kasse wie im Supermarkt oder im Taxi. Das Bezahlen bei stationärem Händler als Automat umfasst alle Zahlungen, die von einer Person an einem Automaten durchgeführt werden, wie zum Beispiel Zigarettenautomaten.[182]

Abschließend beschreibt das Kunde zu Kunde (C2C) Szenario das Verfahren, bei dem Zahlungstransaktionen zwischen Personen stattfinden. Beispiele hierfür sind Bezahlen

---

[178] Vgl. Kreyer, N., Pousttchi, K., Turowski, K. (2002), S. 10.
[179] Vgl. Eisenmann, M., Linck, K., Pousttchi, K. (2004), S. 52.
[180] Vgl. Pousttchi, K. (2003), S. 409.
[181] Vgl. Eisenmann, M., Linck, K., Pousttchi, K. (2004), S. 52.
[182] Vgl. Estrategy-magazin.de (2014), Abruf am 13.04.2014.

eines ersteigerten Artikels wie in eBay oder Bezahlen des Anteils eines Restaurantbesuches.[183]

Die Bezahlszenarien können wiederum nach verschiedenen Einsatzgebieten und Betragshöhe unterteilt werden. Um diese besser darstellen zu können, werden einzelne Bezahlszenarien mit Beispielen bezogen auf Alltagssituationen anhand Abbildung 11 detaillierter erläutert.

Kategorie	Mikropayment		Makropayment				
Betragshöhe Bezahlszenario	0,50€	2€, 3€	10€	20€	40€	80€	>250€
MC	XXX	XX	X	X	X	X	
eC	X	X	X	X	X	X	X
SMA	X	XXXX	X	X	X	X	
SMP	X	X	X	X	XX	X	X
C2C	X	X	XX	X	X	X	

Abbildung 11: Zuordnung der Bezahlszenarien zur Betragshöhe

In Anlehnung an: Eisenmann, M., Linck, K., Pousttchi, K. (2004), S. 53.

Das Bezahlszenario MC wird z. B. zum Kaufen von Konzertkarten in Höhe von 40€ bis 80€, Aufladung von Prepaidkarten in Höhe von 10€ bis 20€, Musikdownloads oder Routenplaner in Höhe von 2€ oder Dienste wie Restaurantfinder für Preise zwischen 0,50€ und 1€ eingesetzt. Flüge für beispielsweise 500€, Bücher oder CDs in Höhe von 20€ oder Zeitschriften in Höhe von ca. 10€ werden dem eC zugeordnet. Im Bereich SMA werden die Fahrkarten in Höhe von 20€ bis 40€, Zigaretten in Höhe von 3€ bis 5€, Getränke für ca. 2€ an den Automaten gezahlt. Für SMP können Zahlungen für beispielsweise Wohnungskautionen an den Vermieter in Höhe von 500€ bis 1000€, Supermarkteinkäufe zwischen 50€ und 100€, oder Taxirechnungen in Höhe von 5€ bis 50€ beglichen werden. Im Bezahlszenario C2C können Anteile am Gemeinschaftsgeschenk für 20€ oder Taschengeld für 10€ gezahlt werden.[184]

---

[183] Vgl. Eisenmann, M., Linck, K., Pousttchi, K. (2004), S. 52.
[184] Vgl. Eisenmann, M., Linck, K., Pousttchi, K. (2004), S. 52.

4.7 Geschäftsmodelle beim Mobile-Payment-Verfahren

MP als ein innovatives Verfahren bietet dem Markt unterschiedliche Geschäftsmodelle an. Diese werden in Abbildung 12 grafisch dargestellt und zusätzlich erklärt.

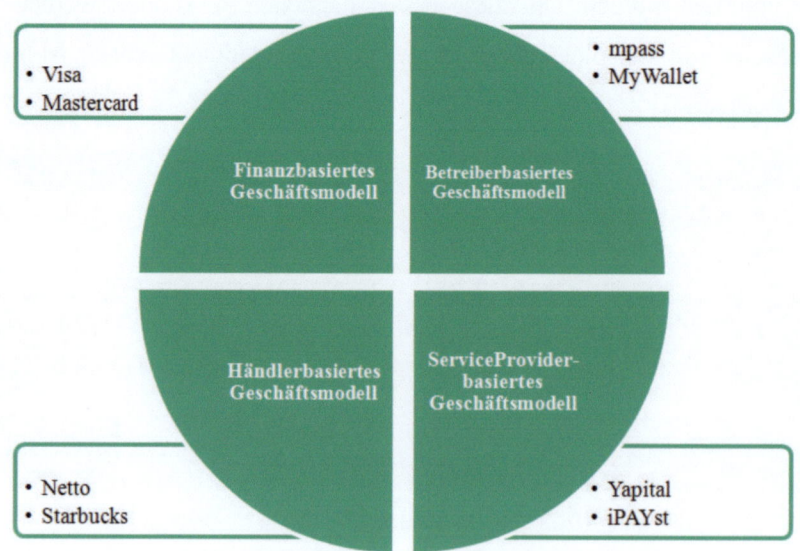

Abbildung 12: Mögliche Geschäftsmodelle beim Mobile-Payment-Verfahren

In Anlehnung an: Reichl, W., Ruhle, E. O., Kittl, J. (2014), S. 16.

In einem finanzbasiertem Geschäftsmodell spielen Banken und Kreditinstitute die Hauptrolle entlang der Wertschöpfungskette. Banken übernehmen die Verantwortung für die korrekte Abwicklung der Zahlungsvorgänge. Der Betrag wird direkt vom Bankkonto bzw. Kreditkartenkonto des Kunden abgebucht. Für die Abrechnung greift die Bank bzw. das Kreditinstitut auf die vorhandene Infrastruktur zurück, die bereits für die EC- bzw. Kreditkartenabrechnung eingesetzt wird.[185] Beispiele für das finanzbasierte Geschäftsmodell sind die MP-Produkte von Mastercard und Visa, die in Kapitel 4.8.1 und 4.8.2 erläutert werden. Bei einem betreiberbasierten Geschäftsmodell übernehmen die Mobilfunkbetreiber die Hauptrolle für die Abwicklung der Zahlungsvorgänge. Die Mobilfunkbetreiber entwickeln ihre eigene MP-Lösung. Hierbei läuft die Abrechnung entweder über eine Prepaid- bzw. Guthabenkarte oder über die Mobilfunkrechnung. Für Kunden ist dieses Modell einfach einzusetzen, da sie ihre Bank- und Kreditkartendaten nicht preisgeben müssen. Für die Mobilfunkanbieter ist dieses Modell attraktiv, da sie ihren Kunden einen neuen und zusätzlichen Dienst anbieten können. Ein Beispiel für

---

[185] Vgl. Smart Card Alliance (2008), S. 14.

ein betreiberbasiertes Geschäftsmodell ist das Produkt MyWallet von der Telekom, das in Kapitel 4.8.4 detailliert dargestellt wird.

Das serviceproviderbasierte Geschäftsmodell ist eine Innovation, bei der die SP versuchen einen Weg zu finden die Transaktionen durchzuführen, ohne auf die Infrastrukturen von Banken zurückgreifen zu müssen. Dabei gibt es drei Möglichkeiten: 1) SP entwickeln kontaktlose Karten bzw. End- sowie Lesegeräte und stellen diese Kunden und Händlern zur Verfügung. 2) SP entwickeln eine MP-App für die schon am Markt existierenden NFC-fähigen Smartphones wie Yapital. 3) SP nutzen die schon auf dem Markt existierenden Apps wie von PayPal und es entstehen keine zusätzlichen Kosten für die Herstellung von Endgeräten oder Karten.[186]

Das vierte Geschäftsmodell im Bereich MP ist das händlerbasierte Modell, bei dem die Händler die Hauptrolle entlang der Wertschöpfungskette spielen. Beispiele dafür sind die MP-Lösungen von Netto und Starbucks. Hierbei handelt es sich um ein Closed-Loop-Modell.[187] Der Vorteil für Händler ist, dass sie dieses Modell für die Kundenbindung oder Analyse der Kundendaten nutzen können. Das Problem bei solchen Lösungen besteht darin, dass die Kunden bzw. Verbraucher das Verfahren nur in diesem Geschäft nutzen können. Es handelt sich dabei nicht um ein standardisiertes Modell und daher besteht die Gefahr von geringer Akzeptanz seitens des Verbrauchers.

Sowohl die Untersuchungen der Steinbeis Research im Jahr 2012 als auch selbst durchgeführte quantitative sowie qualitative Forschungen haben ergeben, dass die Mobilfunkanbieter- und die SP-basierten Geschäftsmodelle keine langfristigen Erfolge im Bereich MP versprechen, da die Konsumenten mehr ihren Banken und Kreditinstituten vertrauen und sich bei den Banken sicherer fühlen als bei den Mobilfunkanbietern. Zusätzlich können Banken auf ihre bestehenden Strukturen aufbauen und die vorhandenen Kundensegmente ansprechen. Daher versprechen die finanzbasierten Geschäftsmodelle wie die von Mastercard und Visa aufgebauten MP-Verfahren, die in den Kapiteln 4.8.1 und 4.8.2 näher erläutert werden, langanhaltende Erfolge.[188] Letztendlich ist ein Kooperationsmodell, an dem die Möglichkeiten und unterschiedlichen Kernkompetenzen aller Marktteilnehmer berücksichtigt werden, die effizienteste Lösung.[189]

---

[186] Vgl. Smart Card Alliance (2008), S. 19.
[187] Vgl. Lewissilkinbrief (2013), S. 3.
[188] Vgl. Kleine, J., Venzin, M., Ludwig, F., Krautbauer, M. (2012), S. 8f.
[189] Vgl. Contius, R., Martignoni, R. (2003), S. 69.

4.8 Aktuell verfügbare Mobile-Payment-Lösungen

4.8.1 PayPass

Eine der bekanntesten und größten MP-Anbieter in Deutschland ist Mastercard mit dem PayPass-Verfahren.[190] MasterCard PayPass ist ein kontaktloses Bezahlverfahren, welches den Kunden die Möglichkeit gibt, mit ihrem mobilen Endgerät einfach mit „tap and go" am POS zu bezahlen. MasterCard PayPass kann an jedem kontaktlosen Lesegerät mit dem Zeichen MasterCard PayPass, wie in Abbildung 13 dargestellt, in Restaurant, Tankstelle, Kino, Apotheke oder Theater eingesetzt werden.[191]

Abbildung 13: PayPass Logo
Quelle: Maxwireless.de, Abruf am 18.05.2014.

Um einen MasterCard PayPass nutzen zu können, brauchen Kunden eine MasterCard PayPass SIM-Karte[192].[193] Diese Karte bekommen Kunden von Banken bzw. ausgebenden Unternehmen und nicht direkt von MasterCard.[194] Für Beträge bis 25,- Euro braucht der Kunde weder PIN[195] noch Unterschrift. Die Karte bzw. das mobile Endgerät muss einige Sekunden an das Lesegerät gehalten werden. Die erfolgreiche Durchführung und Bestätigung der Zahlung wird durch ein optisches und akustisches Signal erkannt.[196]

Die Vorteile von MasterCard PayPass:[197]

---

[190] Vgl. Fuchs, J. G. (2014), T3n.de/news, Abruf am 01.04.2014.
[191] Vgl. Department of Economic and Social Affairs (2010), S. 94.
[192] Eine SIM-Karte ist eine Chipkarte, die in ein Mobiltelefon eingesteckt wird und zur Identifikation des Nutzers im Netz dient.
[193] Vgl. Department of Economic and Social Affairs (2010), S. 94.
[194] Vgl. Fuchs, J. G. (2014), T3n.de/news, Abruf am 01.04.2014.
[195] Eine PIN ist eine persönliche Identifikationsnummer, mit der eine Person sich gegenüber einer Maschine authentisieren kann.
[196] Vgl. Fuchs, J. G. (2014), T3n.de/news, Abruf am 01.04.2014.
[197] Vgl. Maestrocard.com (2012), Abruf am 03.04.2014.

- Das passende Kleingeld ist immer zur Hand,

- Keine lange Wartezeiten an der Kasse,

- Schneller und einfacher bezahlen als mit Bargeld,

- Hohe Sicherheit durch neue Verschlüsselungstechnologien

Die Anzahl der Akzeptanzstellen und Händler, bei denen mit PayPass bezahlt werden kann, nimmt immer mehr zu.[198] Das Verfahren wird in zwei Formen, Mastercard PayPass und Maestro PayPass, angeboten. Das Unternehmen meldet ca. 1,2 Mio. aktive Kundenkarten.[199] Ein zusätzlicher Dienst von Mastercard ist der PayPass™ Locator. Damit können Verbraucher herausfinden, wo sie mit PayPass bezahlen können.[200]

4.8.2 Visa PayWave

Das vom Kreditinstitut Visa angebotene MP-Verfahren, PayWave, mit ca. 500.000 ausgestellten Karten, ist der zweitgrößte Marktanbieter für MP in Deutschland.[201] Dieses Verfahren funktioniert ähnlich wie PayPass von Mastercard und hat die gleichen Vorteile. Auch bei diesem Anbieter werden die Karten nicht direkt von Visa ausgegeben sondern, von Partnerunternehmen und Banken. Ähnlich wie PayPass werden bei PayWave Beträge bis 25,- Euro ohne PIN und Unterschrift abgewickelt. Die Abrechnung läuft über die Kreditkarte des Kunden.[202] Aus Unwissenheit bei Kunden und Händlern kann es zu Problemen und Schwierigkeiten an der Kasse und am Automaten kommen, was unangenehm für beide Seiten ist. Das ist der Nachteil bei jedem innovativen Bezahlverfahren.

4.8.3 Girogo

Eine Initiative der Deutschen Kreditwirtschaft für kontaktloses Bezahlen ist Girogo. Mit Girogo sind Beträge bis 20,- Euro ohne PIN und Unterschrift möglich. Girogo funktioniert ähnlich wie eine Prepaid-Karte. Der Kunde muss auf seine Karte einen Guthabenbetrag aufladen, bevor er die kontaktlose Bezahlmöglichkeit nutzen kann. Maximal bis zu 200,- Euro können auf die Girogo-Karte aufgeladen werden. An einem der in Abbil-

---

[198] Vgl. Sparda-ostbayern.de, Abruf am 03.04.2014.
[199] Vgl. Fuchs, J. G. (2014), T3n.de/news, Abruf am 01.04.2014.
[200] Vgl. Mastercard.com (2012), Abruf am 25.04.2014.
[201] Vgl. Fuchs, J. G. (2014), T3n.de/news, Abruf am 03.04.2014.
[202] Vgl. Visaeurope.com, Abruf am 03.04.2014.

dung 14 angezeigten Logos an den Kassen und POS kann der Kunde erkennen, ob er mit seiner Karte die kontaktlose Bezahlmöglichkeit nutzen kann.[203]

Abbildung 14: Logos der girogofähigen Karten
Quelle: Girogo.de, Abruf am 03.04.2014.

Girogokonten können entweder am Automaten oder automatisch an der Kasse im Einzelhandel aufgeladen werden.[204] Der verbleibende Restbetrag wird bei jedem Bezahl- bzw. Ladevorgang auf dem Lesegerät angezeigt. Somit wissen die Kunden nach jedem Zahlungsvorgang, über wie viel Guthaben sie auf der Karte verfügen.[205]

4.8.4 MyWallet

Mit MyWallet bringt die Deutsche Telekom die digitale Geldbörse auf den Markt. Mit der innovativen NFC-Technologie werden die Bezahldaten per Funk übertragen. Die Zahlungen sind sicher, da die Technologie an die SIM-Karte angebunden ist und damit hohe Sicherheitsstandards garantiert.[206] Dafür benötigt der Kunde einen Telekom Mobilfunkvertrag, ein NFC-fähiges Smartphone, eine NFC-SIM-Karte und zusätzlich die MyWallet-Applikation, die aus dem Google Play Store heruntergeladen werden kann. Kunden, die kein NFC-fähiges Smartphone besitzen, können durch die MyWallet Card und Sticker kontaktlos bezahlen. Der Sticker kann auf das Handy geklebt werden und funktioniert als NFC-Antenne. Bei Beträgen bis 25,- Euro braucht der Kunde keine PIN einzugeben oder zu unterschreiben. Zusätzlich für mehr Sicherheit können Kunden ein Tageslimit hinterlegen und sich die Bestätigung der Zahlung per SMS senden lassen.[207]

Mit MyWallet können Kunden der Telekom an 1,6 Mio. MasterCard PayPass-Terminals weltweit kontaktlos bezahlen. Zudem können Kunden zukünftig MyWallet für weitaus mehr nutzen. Sie können Gutscheine und Bonuspunkte sammeln und einlö-

---

[203] Vgl. Girogo.de, Abruf am 03.04.2014.
[204] Vgl. Fuchs, J. G. (2014), T3n.de/news, Abruf am 03.04.2014.
[205] Vgl. Girogo.de, Abruf am 03.04.2014.
[206] Vgl. Ecckoeln.de, Abruf am 09.04.2014.
[207] Vgl. T-online.de (2013), Abruf am 04.04.2014.

sen, Fahrkarten und Eventtickets kaufen und verwalten, sowie ihren Zutritts ausweis in MyWallet speichern. So kann das Smartphone nach Fotoapparat, Navigationsgerät und vielen anderen Möglichkeiten bald auch die Geldbörse ersetzen. Seit Oktober 2012 läuft MyWallet erfolgreich in Polen.[208] Auch in den USA feiert das Produkt unter den Namen Isis Mobile Wallet™ nach einem erfolgreichen Pilotprojekt seinen Durchbruch.[209] In Deutschland ist das Produkt MyWallet am 06. Mai 2014 in den Markt eingeführt worden.[210]

4.8.5 Yapital

Das erste bargeldlose Bezahlverfahren für das Cross-Channel-Payment in Europa ist Yapital[211]. Yapital bietet seit 2013 den Kunden die Möglichkeit an, nach einer einmaligen Anmeldung über unterschiedliche Wege wie stationär, online, mobil oder per Rechnung bezahlen zu können. Kunden können sich über ihr Smartphone komfortabel und schnell registrieren und den Dienst unmittelbar nach der Registrierung nutzen. Das Empfangen und Senden von Beträgen funktioniert ohne Medienbrüche. Durch modernste Verschlüsselungsverfahren sind die Kundendaten gesichert.[212] Im Dezember 2013 hat Rewe[213] das bargeldlose Bezahlverfahren Yapital in allen Filialen eingeführt. Kunden können an der Kasse entscheiden, gleich ob mit EC-Karte oder mit Smartphone. Wählt der Kunde die mobile Bezahlmöglichkeit, erscheint auf dem Lesegerät wie in Abbildung 15 dargestellt ein QR-Code mit dem zu zahlenden Betrag.

---

[208] Vgl. My-wallet.com (2014), Abruf am 04.04.2014.
[209] Vgl. T-mobile.com, Abruf am 04.04.2014.
[210] Vgl. Spiegelonline.de, Abruf am 22.05.2014.
[211] Yapital Financial AG ist eine hundertprozentige Tochter der Otto Group, die in Luxemburg lizensiert ist. Das Geschäftsfeld von Yapital ist bargeldloses Cross-Channel-Payment.
[212] Vgl. Ottogroup.com, Abruf am 09.04.2014.
[213] Rewe Group ist ein deutscher Handelskonzern mit Sitz in Köln.

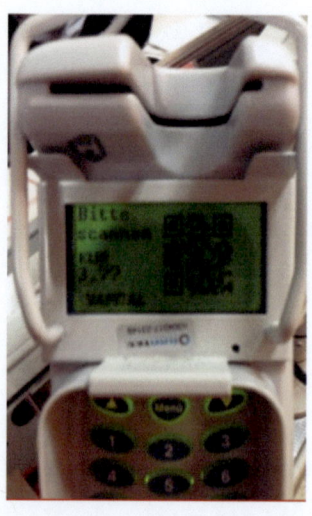

Abbildung 15: Der QR-Code auf dem Lesegerät

Quelle: Derhandel.de (2013), Abruf am 09.04.2014.

In dem Fall soll der Kunde seine Yapital-App, die er auf sein Smartphone installiert hat, aufrufen, PIN eingeben und den QR-Code vom Lesegerät einscannen.[214]

ConCardis[215], einer der führenden Anbieter der bargeldlosen Zahlungsverfahren, bietet seit April 2014 durch eine Kooperation mit Yapital seinen Geschäftskunden mit 400.000 Akzeptanzstellen in den Benelux-Ländern ein Cross-Channel-Payment für das stationäre Geschäft an.[216] Somit können Händler ihren Kunden zusätzlich zur Kartenzahlung die mobile Bezahlmöglichkeit anbieten.

Für die Gewährleistung der Sicherheit und den Schutz von Transaktionen und Kundendaten und zur Betrugsabwehr innerhalb von Sekunden kooperiert Yapital mit einem internationalen Anbieter für Sicherheit und Betrugsabwehr.[217]

4.9 Vergleich Mobile-Payment-Markt in Asien, USA und Europa

4.9.1 Asien

Studien zeigen, dass die Marktakzeptanz für das MP in Asien weit fortgeschrittener und MP mittlerweile etwas Alltägliches ist.[218] Angefangen hat es in Japan durch die Technologieentwicklung, der Grundlage für die mobile Internetnutzung und später mobiles Bezahlen. Dadurch, dass diese Technologien seit den 90er Jahren in Japan entwi-

---

[214] Vgl. Derhandel.de (2013), Abruf am 09.04.2014.
[215] Die ConCardis GmbH ist ein Finanzdienstleister und ist im bargeldlosen Zahlungsverkehr aktiv.
[216] Vgl. Presseportal.de (2014a), Abruf am 09.04.2014.
[217] Vgl. Presseportal.de (2014b), Abruf am 09.04.2014.
[218] Vgl. Merte, C. (2011), S. 60.

ckelt und verbreitet sind, sind die Verbraucher viel vertrauter mit dem Verfahren und reagieren offener, wenn es um Innovationen geht, die über Smartphone abgewickelt werden.[219] Nach Berichten wurden 2012 monatlich ca. 200 Mio. MP-Transaktionen in Japan durchgeführt.[220] Südkorea hat sehr schnell diese Technologie adoptiert. Dort fand das Verfahren MP auch schnell Akzeptanz in der Gesellschaft.[221]

China spielt mit ca. 500 Mio. mobilen Internet-Nutzern im Bereich MP eine große Rolle und ist mittlerweile der größte in der Welt. Die chinesischen Banken haben ein Wachstum von 213 Prozent im Vergleich zum Vorjahr gemeldet.[222] Allerdings gibt es noch eine Menge Probleme bzgl. Sicherheiten. Chinas Zentral Bank hat am Freitag den 14. März 2014 zwei große Internetprovider aufgefordert, die MP-Transaktionen, die über einen Bar-Code abgewickelt werden, zu stoppen. Die People's Bank of China (PBOC) traf diese Entscheidung aufgrund fehlender Sicherheiten entlang des Zahlungsprozesses und verlangte von beiden Unternehmen detaillierte Reports über ihre Produkte.[223] Diese Berichte zeigen, dass trotz der Verbreitung vom MP-Verfahren auch in Asien noch zahlreiche Unsicherheiten und Risiken existieren.

4.9.2 USA

In den USA ist die Situation für MP-Verfahren ähnlich wie in Asien. Neue Technologien und innovative Geschäftsmodelle werden meistens als erstes in den USA in den Markt eingeführt. Auch die neue Entwicklung im Bereich mobiles Bezahlsystem ist in den USA fortgeschrittener als in Europa.[224] Der US-Markt konzentriert sich heute stark auf eine Kombination von webbasierten Technologien, wie den QR-Code mit den cloudbasierten digitalen Bezahlsystemen. Durch das steigende Interesse von Anbietern von Zahlungsdienstleistungen, Mobilfunkunternehmen, Internetbetreibern und Abrechnungsbanken, die darauf setzen, das Geschäftsmodell mit mobilen Zahlungen als Zusatzleistung ihren Kunden anzubieten, rückt das neue Verfahren stärker in den Vordergrund und erregt mehr Aufmerksamkeit.[225]

---

[219] Vgl. Werner, K. (2013), Etailment.de, Abruf am 08.04.2014.
[220] Vgl. Thalhammer, S. (2012), Gfm-nachrichten.de, Abruf am 08.04.2014.
[221] Vgl. Werner, K. (2013), Etailment.de, Abruf am 08.04.2014.
[222] Vgl. Lerner, T. (2014), Mobile-Zeitgeist.de, Abruf am 01.04.2014.
[223] Vgl. Zhao, H., Xie, H. (2014), Uk.reuters.com, Abruf am 14.04.2014.
[224] Vgl. Dapp, T. F. (2013a), S. 17.
[225] Vgl. Dapp, T. F. (2013b), S. 17.

4.9.3 Europa

Die Entwicklungen der MP-Verfahren verlaufen in Europa im Gegensatz zu Asien und USA langsam. Aufgrund fehlender Standards und geringen Reichweite ist ein flächendeckender Durchbruch bisher ausgeblieben.[226] Nach Beobachtungen von yStats.com[227] im Jahr 2012 war das Bezahlen via Smartphone in Italien eher akzeptiert als in anderen europäischen Ländern. Während auf dem europäischen Markt eher Zurückhaltung herrscht, wird mit einer dreistelligen Wachstumsrate in Italien gerechnet.[228] Im United Kingdom (UK) wird bis Ende 2014 ein neues MP-Verfahren eingeführt. Das System heißt Paym. Damit können Verbraucher einfacher und schneller Geld von ihrem Bankkonto auf andere Bankkonten übertragen. Das Verfahren bringt konkrete Vorteile für Verbraucher mit sich, indem sie einfach und von unterwegs ihre Überweisungen tätigen können.[229]

Das Verfahren mit Paym funktioniert wie folgt:[230]

- Als erstes muss der Benutzer sich über seine Mobile-Banking-App in sein Bankkonto einloggen,

- Der Empfänger kann entweder aus der Kontaktliste ausgewählt werden oder eine mobile Telefonnummer kann als Empfänger eingegeben werden,

- Als nächster Schritt können Betrag und Verwendungszweck, z. B. Kino, eingegeben und auf senden geklickt werden,

- Eine Bestätigung des Zahlungsvorgangs erhält der Benutzer durch eine SMS

Die erste Banken, die diesen Service ihren Kunden anbieten möchten, sind Bank of Scotland, Barclays, the Cumberland Building Society, Danske Bank, Halifax, HSBC, Lloyds Bank Santander und TSB Bank.[231]

In Polen ist MP weit verbreitet. Dort akzeptieren bereits 40 Prozent der Kartenterminals in Handel und Gastronomie Zahlungen mit NFC-Chips. Geschätzt waren es Ende 2013 bereits über 200.000 POS-Terminals, die das Verfahren ermöglicht haben.[232]

---

[226] Vgl. Kleine, J., Venzin, M., Ludwig, F., Krautbauer, M. (2012), S. 1.
[227] yStats.com GmbH & Co. KG. Research on international Markets.
[228] Vgl. Thalhammer, S. (2012), Gfm-nachrichten.de, Abruf am 08.04.2014.
[229] Vgl. Bbc.com (2014a), Abruf am 08.04.2014.
[230] Vgl. Bbc.com (2014b), Abruf am 08.04.2014.
[231] Vgl. Bbc.com (2014c), Abruf am 08.04.2014.
[232] Vgl. Bender, H. (2013), Derhandel.com, Abruf am 12.04.2014.

In Deutschland hat sich das Bezahlen mit dem Smartphone bis heute weniger durchgesetzt. Gründe dafür sind mangelnde Informationen bei Verbrauchern. Die Konsumenten wissen nicht, wie das Verfahren funktioniert, wie sicher es ist und sehen keinen Vorteil darin, ein neues Bezahlmöglichkeit auszuprobieren und ggf. einzusetzen. Darüber hinaus gibt es wenige Banken, die MP-Verfahren ihren Kunden anbieten. Ein einheitlicher Standard und intensive Kooperation zwischen Banken, Netzbetreibern und Anbietern des MP ist notwendig, um das Verfahren auch in Deutschland erfolgreich umzusetzen.[233]

Telekom plant mit ihrem Produkt MyWallet in Ungarn, Slowakei, Tschechien und Rumänien auf den Markt zu gehen.[234] Inwieweit die Deutsche Telekom mit MyWallet erfolgreich ist, wird sich in Zukunft zeigen.

Im nächsten Kapitel werden die Anforderungen seitens der Kunden und Händler beschrieben, um daraus später den Fragebogen für die quantitative Befragung sowie die Fragestellungen für die qualitativen Experteninterviews zu entwickeln.

---

[233] Vgl. Werner, K. (2013), Etailment.de, Abruf am 08.04.2014.
[234] Vgl. Bender, H. (2013), Derhandel.com, Abruf am 13.04.2014.

5 Anforderungen hinsichtlich der Forschungsfragen

5.1 Erreichen der kritischen Masse

Ob eine innovative Geschäftsidee auf dem Markt erfolgreich ist, hängt auch davon ab, ob dabei die kritische Masse erreicht wird. Wie in der Abbildung 16 gezeigt wird, tritt der Erfolg für die neue Geschäftsidee erst nach dem Erreichen der kritischen Masse ein. Ist der Punkt der kritischen Masse überschritten, kann mit einem langfristigen Erfolg gerechnet werden.[235]

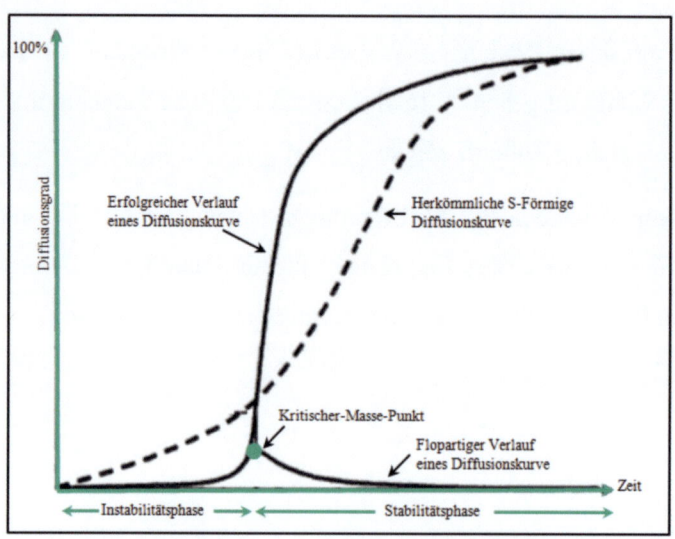

Abbildung 16: Diffusionsverlauf und kritische Masse einer Innovation
In Anlehnung an: Schoder, D. (1995), S. 21.

Da es sich bei MP-Verfahren auch um ein neues und innovatives Geschäftsmodell handelt, welches zuerst auf dem Markt etabliert werden soll, ist auch hier das Erreichen der kritischen Masse ein wichtiger Punkt. Die Frage, die sich hier stellt ist, wie die kritische Masse erreicht werden kann und welche Maßnahmen dazu notwendig sind.

Bei der Einführung eines MP-Verfahrens handelt es sich um einem sogenannten two-sided-market. Dies bedeutet für die MP-Anbieter das Erreichen von Kunden- und Händlerakzeptanz gleichzeitig. Erfahrungen zeigen, dass bei solchen Markeinführungen meistens die Henne-Ei-Problematik eintritt. Auf der einen Seite verwenden Händler ein neues Bezahlsystem, wenn viele Kunden bereit sind es zu nutzen. Auf der anderen Seite nutzen viele Kunden das Verfahren, wenn dieses an ausreichend vielen Akzeptanzstellen verfügbar ist. Genau das ist die Herausforderung für die Anbieter von MP. Dazu

---

[235] Vgl. Liehr, M. (2005), S. 34f.

kommt noch, dass die Überwindung dieses Problems viel Zeit in Anspruch nimmt. Kunden und Händler sollten davon überzeugt werden, dass sie durch den Einsatz von MP-Verfahren gegenüber Bargeld und alternativen Bezahlverfahren viele Vorteile haben und davon profitieren können. Dafür sollten die Anforderungen, die Kunden und Händler an das neue Verfahren stellten, erfüllt werden.[236]

5.2 Anforderungen aus Sicht der Verbraucher

Wie in Kapitel 5.1 beschrieben ist eine der wichtigsten Erfolgsfaktoren für die Akzeptanz und Durchsetzung eines neuen und innovativen Bezahlverfahrens das Erreichen der kritischen Masse. Ein Weg, der dem MP-Anbieter bei dieser Aufgabe hilft, ist es, die Anforderungen seitens der Nutzer an ein solches Ökosystem zu kennen und möglichst viele davon zu erfüllen.[237] Eine Studie der KPMG[238] zeigt die wichtigsten Anforderungen, die Verbraucher an ein MP-Verfahren stellen. Im Rahmen der Studie wurden im Jahr 2010 Verbraucher nach den wichtigsten Anforderungen gefragt, die sie an ein MP-Verfahren stellen würden.

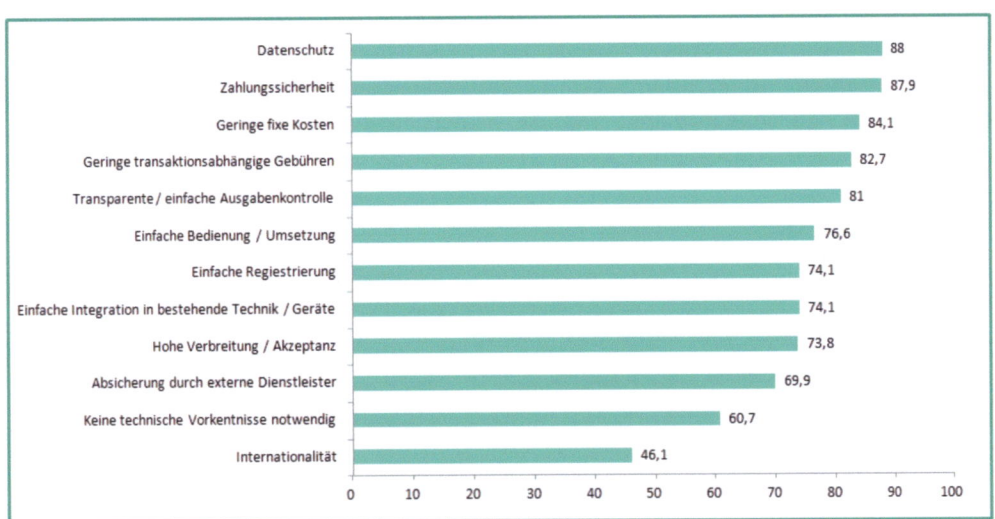

Abbildung 17: Anforderungen seitens der Verbraucher an ein MP-System

In Anlehnung an: Kreimer, T., Rodenkirchen, S. (2010), S. 15.

Die Abbildung 17 zeigt das Ergebnis dieser Studie. Deutlich werden die drei wichtigsten Aspekte seitens der Verbraucher, nämlich Datenschutz, Zahlungssicherheiten und möglichst geringe fixe Kosten. Hier geben mehr als 84 Prozent der Befragten an, dass

---

[236] Vgl. Reichl, W., Ruhle, E. O., Kittl, J. (2014), S. 19.
[237] Vgl. Weberschläger, M. (2013), S. 46.
[238] KPMG ist ein weltweites Netzwerk rechtlich selbstständiger, nationaler Firmen mit 140.000 Mitarbeitern in 146 Ländern.

diese drei Kriterien am wichtigsten sind. Weiterhin sind andere finanzielle Aspekte wie geringe transaktionsabhängige Gebühren sowie transparente und einfache Ausgaben-kontrolle für mehr als 80 Prozent der Befragten wichtige Kriterien für die Akzeptanz von MP-Verfahren. Aus Sicht der Verbraucher sollten technische Eigenschaften wie Bedienung, Umsetzung, Registrierung und Integration in bestehende Technik einfach und problemlos sein. Internationalität ist eines der Kriterien, die bei den Befragten den niedrigsten Stellenwert hat. Weitere Anforderungen wie hohe Verbreitung bzw. Akzeptanz, Absicherung durch externe Dienstleister und keine technischen Vorkenntnisse werden von mehr als 60 Prozent der Befragten als bedeutend empfunden. Zusätzlich zählt das Vertrauen in die SP und MP-Anbieter als weitere Anforderung seitens des Verbrauchers.[239] Neben dem Verbraucher haben auch Unternehmen und Händler spezielle Anforderungen an MP-Verfahren, die in die den nächsten Kapiteln beschrieben werden.

5.3 Anforderungen aus Sicht der Unternehmen

Nicht nur die Verbraucher haben Anforderungen an das MP-System, sondern auch die Unternehmen und insbesondere der Einzelhandel stellen Anforderungen an das System, die vom MP-Anbieter beachtet werden sollten. Mittlerweile existieren viele MP-Anbieter. Um damit auf dem Markt erfolgreich zu sein und sich gegenüber Wettbewer-bern durchsetzen zu können, sollten folgende Punkte beachtet werden:[240]

1) Sicherheitsbedenken beim Verbraucher ausräumen. Starke Sicherheitsvorkeh-rungen treffen und diese den Kunden klar und deutlich kommunizieren und dadurch Unsicherheiten beseitigen.

2) Die anfallenden Kosten besser und sinnvoller kalkulieren. Eines der größten Hindernisse für den Erfolg des MP-Verfahrens besteht darin, dass die Anzahl der Akzeptanzstellen beim Einzelhandel noch gering ist. Die Kosten, die der Einzelhandel durch den Einsatz von MP-Verfahren hat, sollten deshalb nicht größer sein, oder besser niedriger sein als bei alternativen Bezahlverfahren wie Kredit- bzw. EC-Karte.

3) Geringer Aufwand für den Endkunden. Wenn das Bezahlen durch MP einfacher und schneller ist als bei der Kreditkarte, dann sind Kunden eher bereit das neue Verfahren einzusetzen. Das hat wiederum Einfluss darauf, dass das Verfahren

---

[239] Vgl. Kreimer, T., Rodenkirchen, S. (2010), S. 15.
[240] Vgl. Gfm-nachrichten.de (2012), Abruf am 08.04.2014.

vom Handel mehr angeboten wird. Zusatzfunktionen wie Rabattaktionen oder Gutscheine können die Kunden dazu bewegen, das MP-Verfahren einzusetzen.

Während einer Umfrage der Universität Regensburg im Jahr 2013 sind Händler in Deutschland bzgl. E-Payment und speziell MP befragt worden. Die Ergebnisse dieser Befragung bzgl. MP werden im Folgenden erläutert.

Aus Sicht des Händlers sind schnelle Abwicklung im Laden und Schutz vor Zahlungsausfällen die Grundvoraussetzungen für die Einführung des MP in den Geschäften. Weitere Anforderungen, die befragte Händler an das kontaktlose Bezahlsystem stellen, sind Kosten des Verfahrens, Akzeptanz bzw. Verbreitung im deutschsprachigen Raum, Durchgängigkeit des Bezahlprozesses ohne Verzögerungen, einfache Integration, keine Eingabe von PIN für Beträge kleiner als 25 Euro und die Internationalität. Am meisten wünschen sich Händler Banken und Kreditinstitute als Anbieter für MP-Dienste. Ähnlich verhalten sich auch Verbraucher auf die Frage, wem sie als Anbieter am meisten vertrauen würden.[241] Wie in der Abbildung 18 dargestellt, sehen Händler die drei größten Schwierigkeiten darin, dass das Verfahren noch keine Akzeptanz durch Kunden hat, dass die Gefahr von Attacken durch Dritte besteht und dass es Unklarheiten beim Missbrauch geben kann.[242]

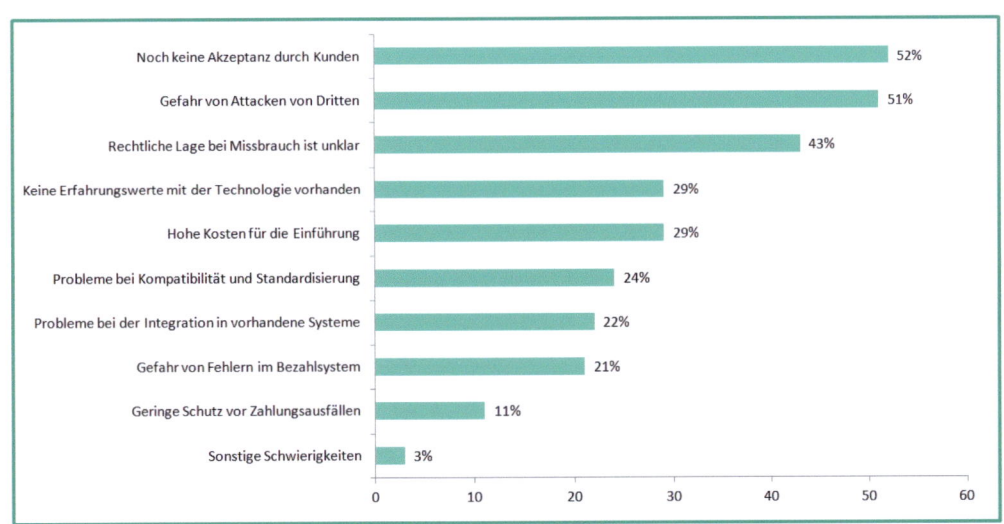

Abbildung 18: Schwierigkeiten beim MP-Verfahren aus Sicht der Händler

In Anlehnung an: Weinfurtner, S., Wittmann, G., Stahl, E., Pur, S., Wittmann, M., Bolz, T. (2013), S. 13.

---

[241] Vgl. Weinfurtner, S., Wittmann, G., Stahl, E., Pur, S., Wittmann, M., Bolz, T. (2013a), S. 10f.
[242] Vgl. Weinfurtner, S., Wittmann, G., Stahl, E., Pur, S., Wittmann, M., Bolz, T. (2013b), S. 13.

Von den befragten Händlern gaben 84 Prozent die schnelle Abwicklung der Zahlung als einen Vorteil für MP gegenüber Bargeld an. Um bessere und repräsentativere Handlungsempfehlungen herausarbeiten und die Forschungsfragen beantworten zu können, werden in dieser Arbeit qualitative und quantitative empirische Forschungen durchgeführt, die gemeinsam mit den Auswertungen dieser Befragungen im nächsten Kapitel erläutert werden.

6 Empirische Forschung

6.1 Quantitative und qualitative Befragung

Die Aufgabe der empirischen Forschung ist es, anhand Befragungen bzw. Beobachtungen qualitative oder quantitative Aussagen über ökonomische Zusammenhänge zu machen.[243] Abhängig von der Zielsetzung, von Zeitraum und Budget kann entweder die qualitative oder die quantitative oder eine Mischung aus beiden Forschungsmethoden eingesetzt werden.

Bei der quantitativen Forschungsmethode handelt es sich um ein objektives und lineares Forschungsmodell. Zuerst wird über den Forschungsgegenstand eine Frage gestellt, daraus werden deduktive Hypothesen abgeleitet. Anschließend folgt die Operationalisierung und Bildung von Fragebögen sowie die Entwicklung messbarer Indikatoren. Danach wird eine Umfrage anhand einer großen Stichprobe durchgeführt. Datenerhebung und abschließend die statistische Auswertung sind die letzten Schritte.[244] Dieses Verfahren eignet sich mit seiner systematischen und standardisierten Befragungs- und Beobachtungsform zur Untersuchung großer Stichproben und hat eine hohe Reichweite. Beispiele dafür sind schriftliche Befragungen anhand eines Fragebogens oder quantitative Interviews.[245] Das quantitative Forschungsmodell hat Vor- und Nachteile. Vorteile dieses Verfahren sind beispielsweise die exakt quantifizierbaren Ergebnisse, Ermittlung von statistischen Zusammenhängen und eine hohe externe Validität durch die große Stichprobe. Nachteile sind die mangelnde Flexibilität während der Untersuchung, fehlende Ermittlung der Ursachen eines Sachverhalts und fehlende Verbesserungsvorschläge.[246]

Die qualitative Forschungsmethode ist eine zirkuläre und nicht standardisierte Untersuchung mit offenen Fragen[247] und kann in verschiedenen Formen stattfinden, wie Einzelinterviews, Fokusgruppe, qualitative Beobachtungsmethode oder qualitative Inhaltsanalyse. Dabei geht es um Beschreiben, Interpretieren und Verstehen von Zusammenhängen, die Aufstellung von Klassifikationen oder Typologien und die Generierung von Hypothesen.[248] Das Ziel bei der qualitativen Methode ist es, unbekannte Phänomene und neue Erkenntnisse zu entdecken und für die Entwicklung neuer Theorien einzuset-

---

[243] Vgl. Winker, P. (1997), S. 3.
[244] Vgl. Schreibler, P., Studi-lektor.de, Abruf am 23.04.2014.
[245] Vgl. Burzan, N. (2008), S. 11.
[246] Vgl. Berger, D. (2010), S. 113.
[247] Vgl. Kutscher, N. (2004), Uni-bielefeld.de, Abruf am 23.04.2014.
[248] Vgl. Flick, U. (1995), S. 3f.

zen.[249] Die Vorteile der qualitativen Forschungsmethode liegen in der Flexibilität der Anwendung, der Entdeckung neuer und bisher unbekannter Sachverhalte und einem tieferen Informationsgehalt durch die offene Befragung. Diese Methode hat aber auch Nachteile. Sie ist relativ zeit- und kostenintensiv, die Auswertung ist aufwendig und aus qualitativ erhobenen Daten können keine zahlenmäßigen Mengenangaben abgeleitet werden.[250]

In der Sozialwissenschaft ist die quantitative Forschungsmethode die am häufigsten eingesetzte Methode. Da für die Beantwortung der Forschungsfragen eine breite und repräsentative Aussage notwendig ist und es sich bei einem MP-Verfahren um ein Produkt handelt, das sowohl von Kunden als auch von Händlern im Alltag eingesetzt wird, wurde in dieser Untersuchung zuerst die quantitative Methode anhand eines Fragebogens gewählt. Die Umfrage wurde in Form eines Online-Fragebogens durchgeführt, der an Personen im Alter ab 16 Jahre gerichtet war. Die Umfrage ist über SocialMedia wie Facebook und Xing an die Probanden verteilt worden. Um die Repräsentativität zu erhöhen und zu tieferen Erkenntnissen zu gelangen, sind im Rahmen der qualitativen Befragung zusätzlich vier Experteninterviews durchgeführt worden.

6.2   Datenerhebung

Die wichtigste Grundlage für die Beantwortung von Forschungsfragen bildet die Statistik. Diese basiert auf den erhobenen Daten, die anhand quantitativ sowie qualitativ durchgeführter empirischer Forschungen gewonnen werden. Das Design, die Auswertung und die Interpretation gewonnener Daten stellen den Gegenstand der Statistiken dar.[251] Um die aus einer empirischen Studie erhobenen Daten zu bewerten, wird die deskriptive Statistik benutzt. In einer deskriptiven Statistik werden die resultierenden Daten tabellarisch bzw. grafisch mit Hilfe von Kennwerten wie arithmetischer Mittelwert und Standardabweichung zusammengefasst und beschrieben.[252] Diese Kennwerte werden in dem Kapitel 6.3.2 ausführlich definiert.

---

[249] Vgl. Schreibler, P., Studi-lektor.de, Abruf am 23.04.2014.
[250] Vgl. Flick, U. (1995), S. 213.
[251] Vgl. Holling, H., Gediga, G. (2011a), S. 13.
[252] Vgl. Holling, H., Gediga, G. (2011b), S. 33f.

6.3 Datenauswertung aus quantitativer Befragung

6.3.1 Fragebogen

Basis für die Entwicklung der Fragen in dem Fragebogen sind die beschriebenen Kundenbedürfnisse sowie die Anforderungen, die Verbraucher an ein MP-Verfahren stellen. Der Fragebogen ist für einen Pretest auf die Verständlichkeit vorab an wenige Personen ausgeteilt worden, deren Ergebnisse nicht in die Auswertung einfließen. Der Fragebogen ist in vier Teilen aufgebaut. Der erste Teil bezieht sich auf persönliche Angaben, gefolgt von Fragen zur Akzeptanz von MP, die Fragen danach beziehen sich auf die Entwicklung und den Durchbruch von MP und zum Schluss gibt es allgemeine Ergebnisse zum Thema MP.

6.3.2 Persönliche Angaben

Der erste Teil des Fragebogens beinhaltet drei Fragen zu persönlichen Angaben wie Geschlecht, Alter und ob die befragte Person ein Handy besitzt.

Zu der Frage Geschlecht haben alle 115 Probanden geantwortet. Davon waren 62 männlich und 53 weiblich. Dies zeigt dass 54 Prozent der Teilnehmer männlich und 46 Prozent weiblich waren und dass die Geschlechtsverteilung ungefähr ausgewogen war.

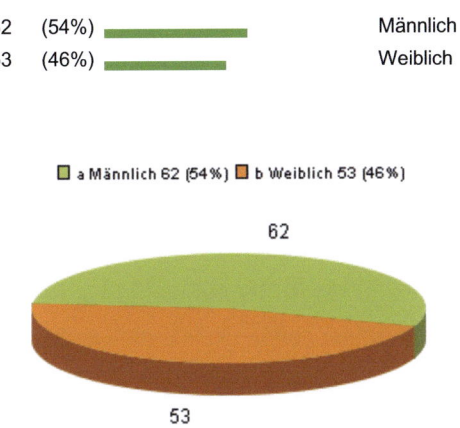

Abbildung 19: Aufteilung nach Geschlecht

Die Frage bzgl. Alter ist von 114 Probanden beantwortet worden. Bei den Antworten gab es die höchste Dichte mit 32 Prozent der Teilnehmer im Altersbereich zwischen 41 und 50. 4 Prozent waren zwischen 16 und 22, 26 Prozent waren im Alter zwischen 23 und 30, 23 Prozent zwischen 31 und 40, 11 Prozent zwischen 51 und 60 und schließlich 4 Prozent der Teilnehmer waren über 60 Jahre alt. Dies zeigt, wie in der Abbildung 20 dargestellt, dass Probanden aller Altersklassen, die geschäftsfähig sind und ein Handy besitzen, an der Befragung teilgenommen haben. Das weist auf die hohe Repräsentativität der Befragung hin.

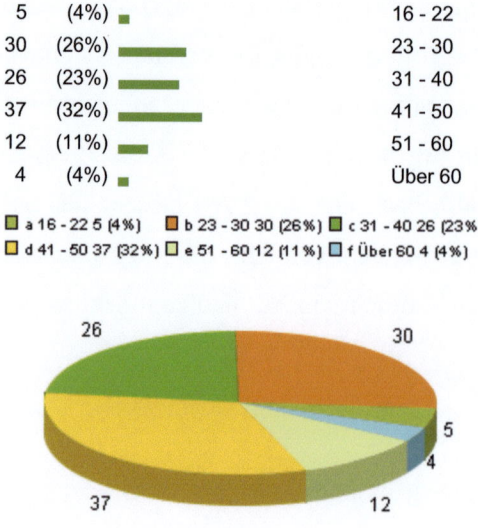

5	(4%)		16 - 22
30	(26%)		23 - 30
26	(23%)		31 - 40
37	(32%)		41 - 50
12	(11%)		51 - 60
4	(4%)		Über 60

☐ a 16 - 22 5 (4%) ☐ b 23 - 30 30 (26%) ☐ c 31 - 40 26 (23%)
☐ d 41 - 50 37 (32%) ☐ e 51 - 60 12 (11%) ☐ f Über 60 4 (4%)

Abbildung 20: Altersverteilung

Die dritte Frage im Bereich persönliche Angaben bezieht sich darauf, ob die Probanden ein Handy bzw. Smartphone besitzen oder nicht. Selbstverständlich können auch Probanden an der Umfrage teilnehmen die kein Handy besitzen, aber weil es sich um das Thema kontaktloses Bezahlen über das mobile Endgerät handelt, lag der Fokus der Umfrage auf denjenigen, die bereits im Besitz eines Smartphones sind. Auf die Frage haben 114 Probanden geantwortet und davon haben 100 Prozent die Frage mit Ja beantwortet.

6.3.3 Akzeptanz von Mobile-Payment

Dieser Teil des Fragebogens behandelt die Hauptfragen, die bei der Beantwortung und Ausarbeitung der Forschungsfragen sowie der daraus resultierenden Handlungsempfehlungen eine wichtige Rolle spielen.

Die vierte Frage ist eine Tabellenfrage. Mit dieser Frage hatten die Probanden die Möglichkeit, die Wichtigkeit der Merkmale eines MP-Verfahrens im Bezug auf die Akzeptanzkriterien zu definieren (z. B. mit der Frage: Wie wichtig ist Ihnen der vertrauliche Umgang mit persönlichen Daten?). Dabei konnten die Befragten für einzelne Merkmale aus den Antwortmöglichkeiten einer fünfstufigen Rating-Skala, ‚trifft nicht zu', ‚trifft eher nicht zu', ‚unentschieden', ‚trifft eher zu' und ‚trifft zu', eine auswählen und damit ausdrücken, wie wichtig ihnen das jeweilige Merkmal ist.

	trifft nicht zu	trifft eher nicht zu	unentschieden	trifft eher zu	trifft zu	
Vertraulicher Umgang mit persönlichen Daten	1 1%	1 1%	2 2%	2 2%	100 94%	Total: 106 x: 4.88, std: 0.56
Einfache Handhabung beim Bezahlvorgang	2 2%		3 3%	19 18%	83 78%	Total: 107 x: 4.69, std: 0.7
Keine bzw. geringe Kosten	1 1%		1 1%	23 22%	80 76%	Total: 105 x: 4.72, std: 0.58
Schnelle Durchführung des Bezahlvorganges	1 1%	3 3%	5 5%	28 26%	69 65%	Total: 106 x: 4.52, std: 0.79
Bestätigung der Zahlung durch SMS oder E-Mail	2 2%	7 7%	15 14%	29 27%	53 50%	Total: 106 x: 4.17, std: 1.02
Möglichkeit zur Stornierung einer getätigten Zahlung	3 3%	1 1%	10 9%	27 25%	66 62%	Total: 107 x: 4.42, std: 0.91
Hohe Anzahl von Akzeptanzstellen	2 2%	1 1%	14 13%	31 29%	59 55%	Total: 107 x: 4.35, std: 0.88
Keine Anschaffung eines neuen Handys nötig	3 3%	5 5%	9 8%	19 18%	71 66%	Total: 107 x: 4.4, std: 1.01
Leichte Erlernbarkeit des Bezahlvorgangs	2 2%	7 7%	9 8%	33 31%	56 52%	Total: 107 x: 4.25, std: 0.99
Keine Installation von Software auf dem Handy nötig	8 7%	21 20%	23 21%	22 21%	33 31%	Total: 107 x: 3.48, std: 1.31
Anonymer Bezahlvorgang	6 6%	15 14%	26 24%	18 17%	42 39%	Total: 107 x: 3.7, std: 1.27
Möglichkeit im Ausland zu bezahlen	13 12%	16 15%	27 25%	25 23%	26 24%	Total: 107 x: 3.33, std: 1.32
Keine Anmeldung nötig	23 22%	20 19%	27 25%	20 19%	16 15%	Total: 106 x: 2.87, std: 1.35
Zahlung an Privatpersonen möglich	12 11%	15 14%	33 31%	25 23%	22 21%	Total: 107 x: 3.28, std: 1.25

Für die Auswertung und Analyse ist zuerst der jeweilige arithmetische Mittelwert sowie die Standardabweichung berechnet worden. „Der arithmetische Mittelwert einer Variablen ist definiert als die Summe der Beobachtungen geteilt durch die Anzahl der Be-obachtungen."[253] Das arithmetische Mittel berechnet sich wie folgt:

$$(w1*x1 + w2*x2 + w3*x3 + w4*x4 + w5*x5) / \text{Anzahl Teilnehmende}$$

Dabei ist w die Gewichtung des Skalenpunktes und x ist die Beantwortungsanzahl für den jeweiligen Skalenpunkt.

Eine Standardabweichung von null würde bedeuten, dass sich alle Teilnehmer hundert-prozentig einig wären und derselben Meinung seien. Das Merkmal ‚vertraulicher Um-gang mit persönlichen Daten' hat die niedrigste Standardabweichung von 0.56, gefolgt vom Merkmal ‚keine bzw. geringe Kosten' mit einer Standardabweichung von 0.58 und dem Merkmal ‚einfache Handhabung beim Bezahlvorgang' mit einer Standardabwei-chung von 0.7. Dies bedeutet, dass die Einstellung der Teilnehmer bei diesen drei Merkmalen sehr dicht beieinander lag. Das Merkmal ‚vertraulicher Umgang mit persön-lichen Daten' ist von 94 Prozent der Probanden mit ‚trifft zu' beantwortet worden und hat die niedrigste Standardabweichung im Vergleich zu den anderen Merkmalen. Das arithmetische Mittel bei diesem Merkmal mit einem Wert von 4.88 zeigt auch, dass eine große Mehrheit dieses Merkmal als sehr wichtig empfindet. Das heißt, dass das erste Kriterium, worauf die Verbraucher bei einem MP-Verfahren achten, die Vertraulichkeit und Sicherheit ihrer Daten ist. Direkt nach der Sicherheit und Vertraulichkeit folgt das Kriterium Kosten. Das Merkmal ‚keine bzw. geringe Kosten' ist von 76 Prozent der Probanden mit ‚trifft zu' beantwortet worden und ist mit einer Standardabweichung von 0.58 das zweitwichtigste Merkmal aus Sicht der Verbraucher. Einfache Handhabung beim Bezahlvorgang ist mit 78 Prozent ‚trifft zu' und einer Standardabweichung von 0.7 und einem Mittelwert von 4.69 auch ein relativ wichtiges Merkmal des MP-Verfahrens. Dagegen scheinen die Kriterien wie ‚keine Anmeldung nötig', ‚Möglichkeit im Ausland zu bezahlen' und ‚keine Installation von Software auf dem Handy nötig', mit Standardabweichungen über 1.3 keine wichtige Rolle bei der Akzeptanz von MP-Verfahren zu spielen. Auch die Anonymität spielt keine wesentliche Rolle für die Pro-banden.

Die fünfte Frage befasst sich mit der Tatsache von Grundgebühren und hat das Ziel her-auszufinden, bei welcher jährlichen Grundgebühr die Probanden sich für Nutzung von MP-Verfahren entscheiden würden. Diese Frage ist von 106 Probanden beantwortet

---

[253] Holling, H., Gediga, G. (2011), S. 90.

worden. Die Antwortmöglichkeiten waren, keine Gebühren, Grundgebühr bis 2,50 €, bis 5 €, bis 10 € und mehr als 10 €. Fast die Hälfte, d.h. 44 Prozent der Teilnehmer wollen keine jährliche Grundgebühr bezahlen. Keiner der Befragten würde MP bei einer Grundgebühr von mehr als 10 € einsetzen. Das ist ein klares und eindeutiges Ergebnis, das die MP-Anbieter in Betracht ziehen sollten. Bei einem MP-Verfahren mit jährlicher Grundgebühr mehr als 10 € droht die Gefahr, dass dies vom Verbraucher nicht akzeptiert und eingesetzt wird.

Wie die Abbildung 20 darstellt, würden 14 Prozent der Teilnehmer eine jährliche Grundgebühr von 2,50 € akzeptieren, 26 Prozent wären bereit jährlich bis zu 5 € als Grundgebühr zu bezahlen und 15 Prozent akzeptieren sogar eine Grundgebühr bis zu 10 €.

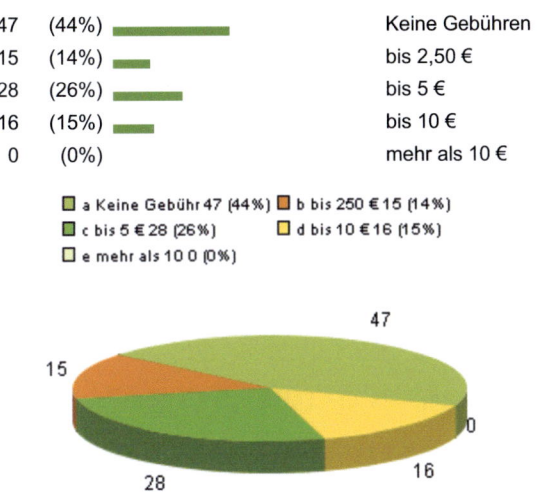

Abbildung 21: Jährliche Grundgebühr des MP-Verfahrens

Die sechste Frage in diesem Fragebogen befasste sich mit der Akzeptanz bzgl. der Transaktionsdauer. Wie schon beschrieben ist einer der Vorteile des MP-Verfahrens die Schnelligkeit und geringe Wartezeiten an den Kassen. Diese Frage dient dazu, herauszufinden, welche Transaktionsdauer für die Befragten akzeptabel wäre und ab welcher Transaktionsdauer sie sich gegen das MP-Verfahren entscheiden würden. Diese Frage ist von 105 Teilnehmern beantwortet worden. Genau die Hälfte der Teilnehmer akzeptieren eine Transaktionsdauer bis zu 25 Sekunden, 30 Prozent würden MP-Verfahren einsetzen, wenn die Transaktionsdauer bis zu 45 Sekunden dauern würde, 17 Prozent entschieden sich für MP-Verfahren, wenn die Transaktion sogar 60 Sekunden dauern würde und nur 3 Prozent haben sich für eine Transaktionsdauer von mehr als 60 Sekunden entschieden. Daraus resultiert, dass eine geringe Transaktionsdauer für Verbraucher nicht das Hauptkriterium bei der Entscheidung für oder gegen ein MP-Verfahren ist, wobei sich viele Anbieter eine Transaktionsdauer von weniger als 20 Sekunden wünschen.

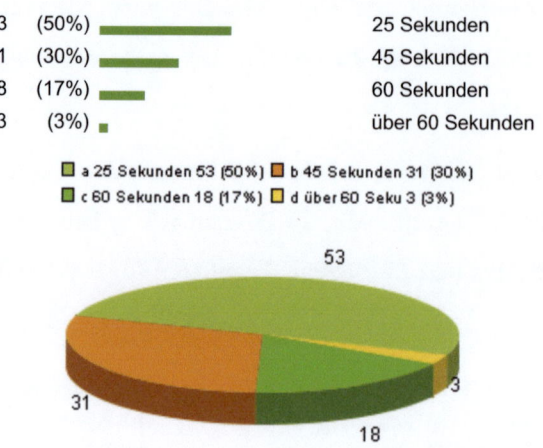

53	(50%)		25 Sekunden
31	(30%)		45 Sekunden
18	(17%)		60 Sekunden
3	(3%)		über 60 Sekunden

- a 25 Sekunden 53 (50%)   - b 45 Sekunden 31 (30%)
- c 60 Sekunden 18 (17%)   - d über 60 Seku 3 (3%)

Abbildung 22: Transaktionsdauer von MP-Verfahren

Die Frage Sieben bezieht sich auf den höchsten Zahlungsbetrag bei dem die Probanden das MP-Verfahren im Alltag einsetzen würden. Die Befragten hatten die Möglichkeit, aus den Beträgen ‚bis 0,50 €‘, ‚bis 2,50 €‘, ‚bis 5 €‘, ‚bis 20 €‘ und ‚mehr als 20 €‘ auszuwählen. Diese Frage ist von 105 Teilnehmern beantwortet worden. Erstaunlich bei den Antworten war, dass mehr als die Hälfte der Teilnehmer, 60 Prozent, bereit wäre MP bei Beträgen über 20 € zu nutzen. Das zeigt, dass MP-Verfahren nicht nur im Bereich Micropayment, sondern mehr im Bereich Macropayment bei Beträgen über 20 € eine Zukunft hat. Keiner der Teilnehmer würde MP-Verfahren für Beträge bis 2,50 € einsetzen. Dieses Ergebnis ist nicht erklärbar. Die anderen Beträge im Bereich Micropayment würden von 7 Prozent für Beträge bis 0,50 € und 5 Prozent für Beträge bis 5 € akzeptiert. 29 Prozent der Teilnehmer würden das neue Verfahren bis zu einem Betrag von 20 € nutzen.

7	(7%)		bis 0,50 €
0	(0%)		bis 2,50 €
5	(5%)		bis 5 €
30	(29%)		bis 20 €
63	(60%)		mehr als 20 €

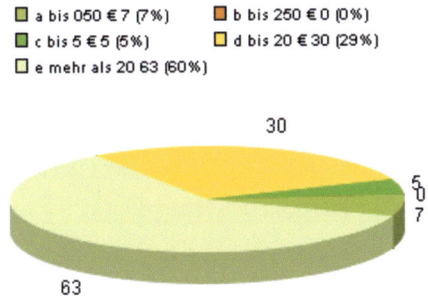

Abbildung 23: Akzeptanzbetrag für den Einsatz von MP-Verfahren

Das MP-Verfahren kann mit verschiedenen Abrechnungsarten abgewickelt werden. In der Frage Acht wurden die Teilnehmer befragt, welche der möglichen Abrechnungsarten sie bevorzugen würden. An dieser Frage haben 105 Probanden teilgenommen. 38 Prozent haben als Abrechnungsart die direkte Abbuchung vom Bankkonto gewählt. 18 Prozent würden lieber monatliche Rechnungen erhalten. 13 Prozent wählten die Kreditkarte als Abrechnungsart, 7 Prozent der Teilnehmer waren für eine Abrechnung über die Telefonrechnung und 24 Prozent bevorzugen ein guthabenbasiertes Konto. Insofern sind die Entscheidungen über die Abrechnungsarten ungefähr gleich verteilt. Die Antworten verweisen nicht klar auf eine bestimmte Abrechnungsart, die von den meisten Befragten bevorzugt würde.

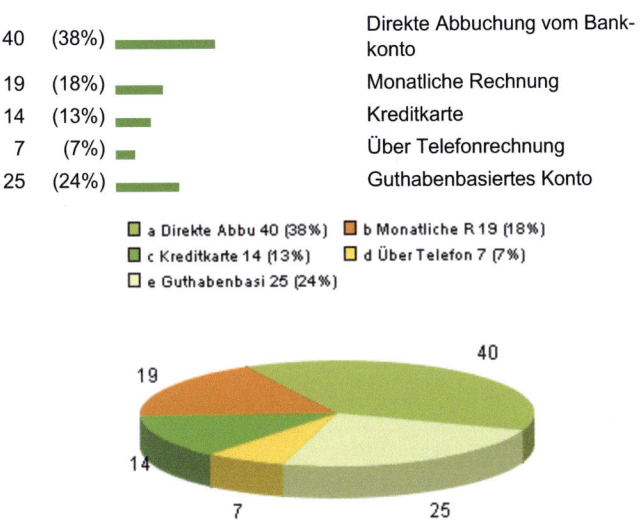

Abbildung 24: Verteilung der Abrechnungsarten beim Einsatz von MP-Verfahren

6.3.4 Entwicklung und Durchbruch von Mobile-Payment

Insgesamt gab es zwei Fragen bzgl. der Entwicklung und des Durchbruchs von MP-Verfahren. Ziel dieser Fragestellungen war herauszufinden, welche Entwicklungschancen Verbraucher für MP-Verfahren sehen. Die Frage Neun bezieht sich darauf, wie lange es dauert, bis das MP das Bargeld ersetzen kann. Es muss beachtet werden, dass nicht von einem 100-prozentigen Ersatz ausgegangen wird. Es geht um die Akzeptanz vom MP und darum, bis wann die Verbraucher die Chance sehen, dass MP sich durchsetzt. 104 Personen haben diese Frage beantwortet. Davon sind 38 Prozent der Meinung, dass MP sich niemals durchsetzt. 33 Prozent sagen, spätestens bis 2020 ist MP ein alternatives Zahlungsverfahren, 17 Prozent sehen die Chance, dass das Verfahren sich bis 2030 durchsetzt und 13 Prozent sagen, dass dies erst später der Fall sein wird.

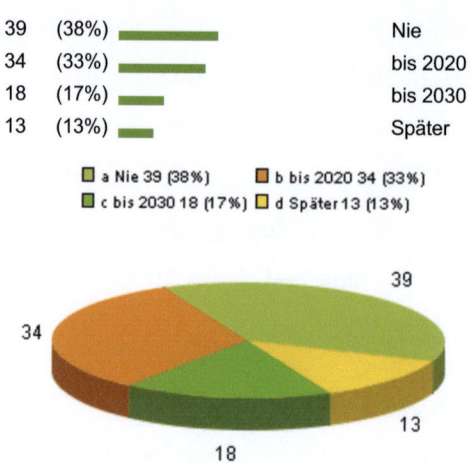

Abbildung 25: Entwicklung und Durchbruch von MP-Verfahren

Die zehnte Frage des Fragebogens befasst sich mit den eventuellen Problemen, die aus Sicht der Verbraucher den Durchbruch von MP verhindern könnten. Es gab die Möglichkeit mehrere Antworten zu wählen. Die Zielsetzung dieser Frage ist, darzustellen, welche Probleme bzw. Berührungsängste aktuell beim Verbraucher existieren und dadurch den MP-Anbietern zu helfen genau diese Ängste und Probleme zu beseitigen. Die Antwortmöglichkeiten waren wie folgt:

- Hohe Kosten für den Kunden,
- Hohe Kosten für den Händler,
- Hoher Aufwand bei technischer Integration,
- Geringe Zuverlässligkeit,
- Verbindungsprobleme zwischen mobilem Endgerät und Lesegerät,

- Unklarheiten bzw. Unsicherheit bei Kunden,

- Angriffsversuche während des Bezahlprozesses,

- Keine Probleme

Diese Frage ist von 103 Probanden beantwortet worden. Das Ergebnis zeigt dass die zwei Problemstellungen, Angriffsversuche während des Bezahlprozesses mit 23 Prozent und Unklarheiten bzw. Unsicherheit bei Kunden mit 19 Prozent, die Problemfelder sind, warum sich MP noch nicht durchsetzen konnte. Hohe Kosten für den Kunden und Händler sind zwar problematisch, aber werden nicht als Hauptprobleme dargestellt.

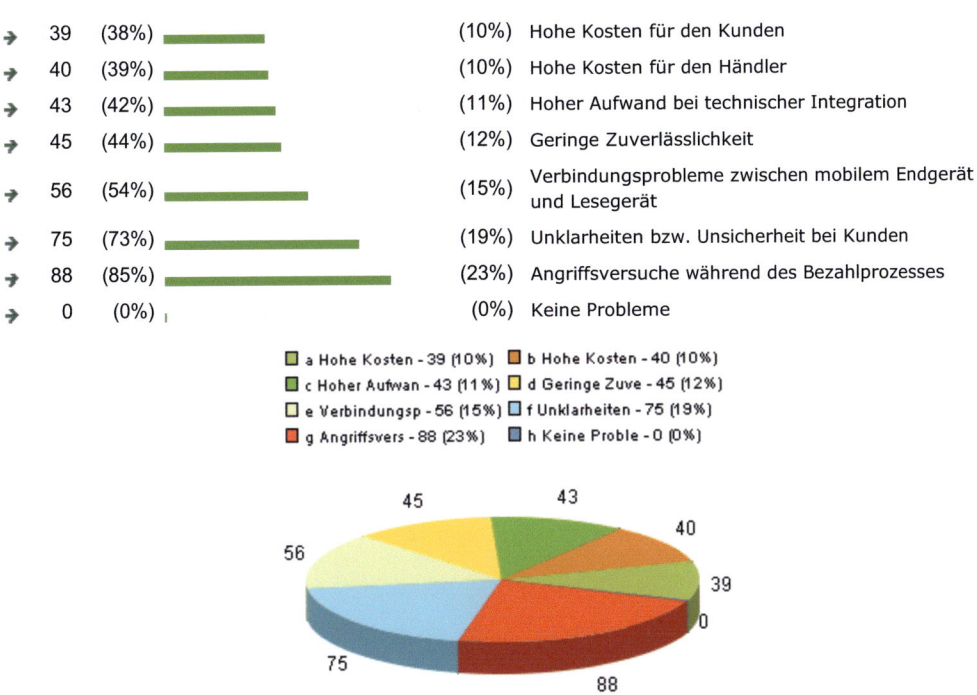

Abbildung 26: Problemfelder im Bereich MP-Verfahren

Keiner der Probanden ist der Meinung, dass keine Probleme für das neue Verfahren existieren.

6.3.5 Allgemeine Ergebnisse zum Mobile-Payment

Der letzte Teil des Fragebogens beschäftigt sich mit allgemeinen Fragen zum MP-Verfahren. Die Frage elf behandelt das Vertrauen von Verbrauchern in die MP-Anbieter. Das Ziel dieser Frage ist es herauszufinden, welchen Anbietern die Verbraucher am meisten vertrauen würden und welchen nicht. Es gab drei Antwortmöglichkeiten und die Probanden konnten zu jeder Antwortmöglichkeit wählen, ob sie dem Anbieter am wenigsten vertrauen, wenig vertrauen, neutral sind, vertrauen oder am meisten vertrauen. 103 Probanden haben diese Frage beantwortet. Banken und Kreditinstitute als MP-Anbieter haben einen arithmetischen Mittelwert von 4.17, danach folgen die Telekommunikationsunternehmen mit einem Mittelwert von 3.38 und schließlich die Technologieunternehmen wie Amazon und Google mit 2.55. Die Standardabweichungen bei allen drei Antworten zeigen, dass bei dieser Frage die Meinungen sehr konform waren. Es gab keine große Abweichung.

	am wenigsten vertrauen	wenig vertrauen	neutral	vertrauen	am meisten vertrauen	
Banken/Kreditkarteninstitute	3 3%	5 5%	12 12%	34 33%	48 47%	Total: 102 x: 4.17, std: 1.01
Technologieunternehmen wie Amazon, Google, etc.	24 24%	23 23%	30 30%	20 20%	3 3%	Total: 100 x: 2.55, std: 1.14
Telekommunikationsunternehmen wie Deutsche Telekom AG, Vodafone, etc.	7 7%	18 17%	25 24%	35 34%	18 17%	Total: 103 x: 3.38, std: 1.16

Die Antwortmöglichkeit Banken und Kreditinstitute hat eine Standardabweichung von 1.01. Die Standardabweichung von 1.01 bedeutet, dass alle Teilnehmer sehr dicht beieinander liegen. Je höher die Standardabweichung, desto weiter liegen die Meinungen auseinander. Das ist hier bei der Antwortmöglichkeit Technologieunternehmen mit einer Standardabweichung von 1.16 zu sehen.

Die Frage Zwölf hatte das Ziel, herauszufinden, ob es schon Probanden gab, die bereits MP-Verfahren eingesetzt hatten und wie viel Prozent der Probanden, die MP noch nicht eingesetzt haben, bereit sind, dieses Verfahren in Zukunft zu nutzen. Diese Frage ist von 102 Probanden beantwortet worden. Davon haben 13 Prozent bereits Erfahrung mit MP und haben es in einem stationären Geschäft eingesetzt. 64 Prozent haben das Verfahren noch nicht eingesetzt, wären aber bereit dies zu tun und 24 Prozent der Probanden haben kein Interesse an einem solchen Verfahren. Das zeigt, dass die Mehrheit offen für ein solches Verfahren ist und es nur die Frage der Zeit ist, dass sie MP akzeptieren und auch anwenden.

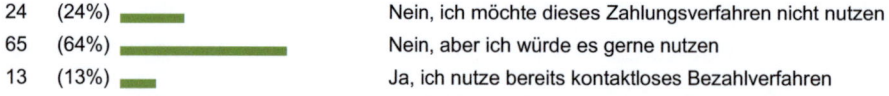

24	(24%)	Nein, ich möchte dieses Zahlungsverfahren nicht nutzen
65	(64%)	Nein, aber ich würde es gerne nutzen
13	(13%)	Ja, ich nutze bereits kontaktloses Bezahlverfahren

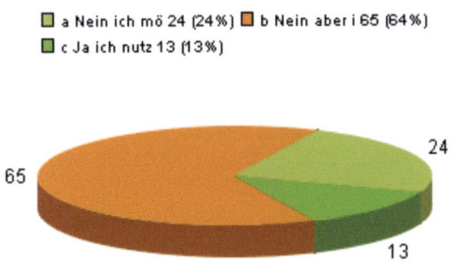

Abbildung 27: Bereitschaft für die Anwendung von MP-Verfahren

Die letzte Frage des Fragebogens hatte das Ziel, herauszufinden, welche Kriterien die Verbraucher dazu bewegen könnten, MP einzusetzen. Das Ergebnis diese Frage hilft die Forschungsfrage zu beantworten, was der Markt bzw. die MP-Anbieter anbieten müssen, damit MP beim Verbraucher Akzeptanz findet. Aus den Antwortmöglichkeiten: ‚Sammeln von Rabattpunkten', ‚Keine Zusatzkosten', ‚Erhalt von Gutscheinen', ‚Schnellere Bezahlabwicklung an der Kasse', konnten die Probanden mehrere Antworten auswählen. Das Ergebnis dieser Frage zeigt, dass die zwei Kriterien, ‚Keine Zusatzkosten' mit 40 Prozent und ‚schnellere Bezahlabwicklung an der Kasse' mit 39 Prozent die wichtigsten Kriterien für Verbraucher sind. Dagegen sind die beiden Kriterien ‚Sammeln von Rabattpunkten' mit 10 Prozent und ‚Erhalt von Gutscheinen' mit 11 Prozent weniger attraktiv.

→	20	(21%)		(10%)	Sammeln von Rabattpunkten
→	82	(85%)		(40%)	Keine Zusatzkosten
→	22	(23%)		(11%)	Erhalt von Gutscheinen
→	79	(81%)		(39%)	Schnellere Bezahlabwicklung an der Kasse

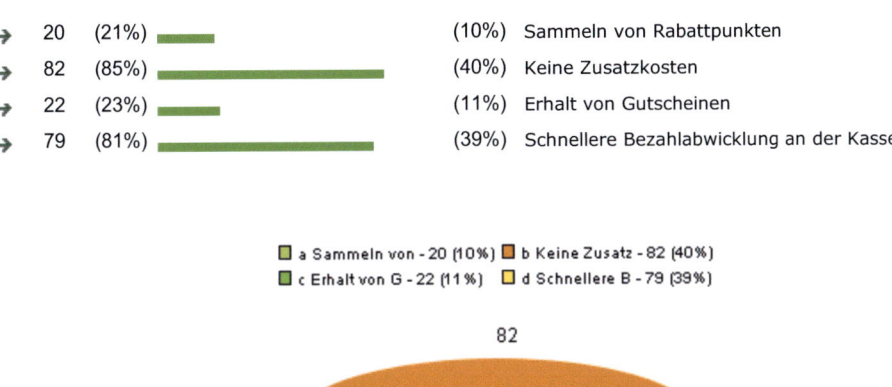

Abbildung 28: Kriterien für den Einsatz von MP-Verfahren

Dieses Ergebnis kann von MP-Anbietern genutzt werden, um mehr in die zwei Kriterien mit hoher Attraktivität zu investieren. Aus den Ergebnissen der Befragung kann zusammengefasst werden, dass Verbraucher dem neuen und innovativen Bezahlverfahren, MP, positiv gegenüber eingestellt sind, wenn die Kriterien Sicherheit und Datenschutz seitens der Anbieter genügend berücksichtigt werden. Sie sind sogar bereit MP bei Beträgen höher als 20 € einzusetzen und würden jährliche Gebühren bis zu 5 € akzeptieren.

6.4   Datenauswertung aus qualitativer Befragung

Neben der quantitativen Befragung, wobei die Meinung einer großen Masse erfragt wird und wodurch eine große Reichweite erreicht werden kann, ist eine qualitative Forschung in Form von Experteninterview durchgeführt worden, um noch tiefere Erkenntnisse in diesem Gebiet zu erhalten und aussagekräftigere Handlungsempfehlungen auszuarbeiten.

Dafür sind vier Experten im Bereich innovative Technologien und Telekommunikation befragt worden. Die Befragung fand anhand vordefinierter Fragen, die als Anhang in dieser Studie zu finden sind, im Rahmen eines nicht standardisierten Interviews statt. Die Gespräche sind aufgenommen worden. Im Folgenden werden die Interviews inhaltlich dargestellt und ausgewertet.

6.4.1 Funktion der Befragten im Bereich Mobile-Payment

Frage 1	Welche Funktion erfüllen Sie?
Katrin Jordan	Chair of GSM Association – Terminal Stearing Group Chair of TS NFC (Requirements and Testcases)
Hans-Christian Heineke	Terminal Client Ingenieur. Verantwortlich für die Abnahme und technische Realisierung für die Instantservices auf das Smartphone
Michael Schönborn	Solution Architekt von MyWallet
Birgit Zumtobel	Verantwortlich für die Vermarktung von MyWallet in Deutschland. Commercial-Manager.

6.4.2 Vergleich der Entwicklung von MP und Auswertung

Frage 2	Im weltweiten Vergleich liegt die Entwicklung von MP in Europa insbesondere in Deutschland, weit hinter Asien und USA. Woran liegt das?
Katrin Jordan	Ein Grund ist der kulturelle Unterschied. Asien war immer gegenüber elektronischen Innovationen offener und hat sie früh akzeptiert. Sie haben sich um Sicherheit und Datenschutz keine Sorgen gemacht im Gegensatz zu Deutschland. In Deutschland wird lieber mit Bargeld bezahlt, damit es nicht nachverfolgt werden kann. Das zweite Problem ist die Bankenstruktur. Damit so ein Ökosystem funktioniert, sollten alle Banken mitmachen und dieselbe Technologie unterstützen. Momentan haben die Banken in Deutschland unterschiedliche Strukturen. Zum Beispiel in der Türkei ist die Bankeninfrastruktur sehr schnell vereinheitlicht worden. Dort ist ein System entwickelt und eingesetzt worden, welches von allen Banken akzeptiert wurde. Paraphieren: Kulturelle Gegebenheiten und mangelnde Infrastruktur bei den Banken sind die Gründe für ausbleibende Erfolge von MP in Europa.
Hans-Christian Heineke	In Deutschland haben die Menschen eher eine konservative Einstellung zu elektronischen Zahlungsmitteln. Die Akzeptanz mit der EC- und Kreditkarte ist erst in den letzten Jahren gestiegen. Die Akzeptanzstellen sind in Deutschland gering, so dass der Kunde eher Bargeld oder die EC-Karte benutzt. Dadurch kann er andere Dienste, die MP anbietet, gar nicht nutzen und das führt zu geringer Attraktivität. In den USA haben die Global-Player wie Google und Amazon ein großes Marktsegment abgedeckt. Die Verbraucher in den USA sind eher bereit neue Technologien auszuprobieren. In Japan gibt es die NFC-Technologie seit 10 Jahren und wird auch aktiv genutzt. In Asien sind die Menschen wie in den USA technologiefreundlicher, um etwas Neues auszuprobieren. Die sind sogenannte Early-Adopter und sind bereit ein Produkt einzusetzen, obwohl es noch viele Schwachstellen aufweist. In Asien existiert die Infrastruktur für solche Bezahlsysteme schon und muss nicht wie in Europa erst geschaffen wer-

	den. In Europa, besonders in Deutschland, warten alle Marktteilnehmer aufeinander. Das ist das bekannte Henne-Ei-Problem und es zieht sich seit Jahren hin. Paraphieren: Die konservative Einstellung gegenüber dem elektronischen Bezahlverfahren und geringe Akzeptanzstellen führen zum geringen Erfolg von MP in Deutschland.
Michael Schönborn	Es liegt daran, dass in Deutschland zum einen die Kreditkarte relativ wenig akzeptiert wird, sowohl auf der Händler- als auch auf der Verbraucherseite. Auf der anderen Seite gibt es händlerseitig wenig Interesse daran, nur für kontaktlose Kreditkarten neue Terminals zu kaufen und in das bestehende Kassensystem zu integrieren. Paraphieren: Eingeschränktes Interesse seitens der Händler und geringe Akzeptanz seitens der Verbraucher gegenüber der Kreditkarte sind Gründe, warum MP in Deutschland bis heute nicht so erfolgreich ist wie in den USA.
Birgit Zumtobel	Es gibt sicherlich viele verschiedene Gründe dafür, aber ein besonderer Grund ist der Sicherheitsgedanke der Deutschen. Es gibt viel mehr Barzahlungen in Deutschland, als es in vielen anderen Ländern der Fall ist. Das Verhalten sehen wir auch beim Produkt MyWallet. Die Kunden, die sich dafür interessieren, stellen meistens bzgl. der Sicherheiten viele Fragen. Der andere Grund ist die geringe Terminalverfügbarkeit. Die ist in Deutschland nicht so ausgeprägt wie in anderen Ländern. Paraphieren: Wenn es um das Thema Bezahlen geht, ist das Sicherheitsbewusstsein in Deutschland ausgeprägter als in den anderen Ländern. Der zweite Grund ist die niedrige Terminalverfügbarkeit.
Schluss-folgerung	Die zwei Hauptgründe, warum MP-Verfahren bis heute in Europa und insbesondere in Deutschland nicht so erfolgreich ist wie in Asien und den USA, sind zum einen die kulturellen Unterschiede und die eher konservativen Einstellungen gegenüber elektronischen Bezahlverfahren in Deutschland und zum anderen die geringe Verfügbarkeit der Kassenterminals bei Händlern.

6.4.3 Einfluss der steigenden Nutzung von Smartphones im Bereich MP und Auswertung

Frage 3	Könnte die steigende Nutzung von Mobiltelefonen und Smartphones eine Chance für die steigende Akzeptanz und Annahme von MP sein?
Katrin Jordan	Ja.
Hans-Christian Heineke	Ja. Ganz klar. Je mehr Verbraucher Smartphone nutzen, umso mehr wissen sie, welche zusätzlichen Dienste sie über Smartphone nutzen können.
Michael Schönborn	Ja. Die steigende Nutzung von Smartphones ja, aber die steigende Nutzung von Mobiltelefonen nicht unbedingt.

Birgit Zumtobel	Auf jeden Fall. Die Penetration von Smartphones ist steigend und die Affinität zum Thema MP bei Personen, die Smartphone nutzen, ist höher als bei anderen.
Schlussfolgerung	Smartphones bieten dem Kunden mehr Dienste als nur telefonieren und SMS versenden. Darüber können auch MP-Transaktionen abgewickelt werden. Wenn mehr Verbraucher Smartphones nutzen, dann steigt auch die Anzahl der Verbraucher, die das Smartphone für das Bezahlen einsetzen. Dafür müssen aber erst die Bedenken, die Kunden bzgl. der Sicherheitsaspekte haben, beseitigt werden und mehr Terminals verfügbar sein.

6.4.4 Bevorzugte Abrechnungsart von Kunden und Auswertung

Frage 4	Was glauben Sie, welche Abrechnungsart würden die Kunden beim Einsatz von MP-Verfahren bevorzugen? Banken und Kreditinstitute, Telekommunikationsunternehmen wie Telekom oder Vodafone, Technologieunternehmen wie Google und Amazon
Katrin Jordan	Kreditkarten haben sich schon auf dem Markt etabliert und werden vom Kunden akzeptiert. Kunden haben mittlerweile Vertrauen in dieses System. Sie wissen, wenn Missbrauch betrieben wird, bekommen sie Unterstützung von den Banken. Das heißt bei Banken und Kreditinstituten fühlen sich Kunden sicher. In die Service-Provider als MP-Anbieter haben die Kunden ebenfalls Vertrauen. Auf der anderen Seite, wenn ein Technologieunternehmen wie Google ein Wallet auf den Markt bringt, das einfach und schnell funktioniert und zu dem es keine Alternative gibt, die genauso einfach und schnell funktioniert, dann haben auch die Technologieunternehmen wie Google und Amazon große Chancen. Es hängt stark davon ab, welche Alternativen zur Verfügung stehen. Es wird vermutet, dass das Google-Wallet in naher Zukunft in den USA erfolgreich ist. Wenn es so wäre, dann würde sich das Produkt auch in Europa schnell durchsetzen. Paraphieren: Grundsätzlich haben Kunden zu Banken und Kreditinstituten mehr Vertrauen als zu anderen MP-Anbietern, aber abhängig davon, welche Abrechnungsart sich auf dem Markt durchsetzt und den Anforderungen den Verbrauchern gerecht wird, können andere Abrechnungsarten genauso gut akzeptiert werden.
Hans-Christian Heineke	Kunden werden das Verfahren nutzen, das überall akzeptiert wird und wo sie selbst die geringsten Kosten haben. Das bedeutet, die optimale Lösung wäre derzeit in Deutschland die EC-Karte. So, dass die EC-Karte in das Smartphone integriert wird. Kunden bezahlen keine Gebühren für ihre EC-Karte und haben keine Zusatzkosten. Die EC-Karten werden heutzutage fast überall akzeptiert. Diese Kombination wäre das Optimum für den deutschen Markt. Aufgrund des Vertrauens und der Sicherheitsmaßnahmen haben am Anfang die Banken größere Chancen, aber später können die Technologie- und Internetunternehmen den Markt für sich gewinnen. Paraphieren: Da die EC-Karte von der Mehrheit der Verbraucher bereits akzeptiert ist und eine flächendeckende Verfügbarkeit aufweist, ist die

	Lösung mit den Banken als MP-Anbieter eher vorstellbar.
Michael Schönborn	Das ist eine gute Frage. Jeder dieser drei Player hat seine eigenen Stärken und Schwächen. Beispielsweise die Telekom mit dem Produkt MyWallet bietet den Kunden ein Produkt mit hohen Sicherheitsaspekten an. Wenn Telekommunikationsunternehmen den Kunden glaubhaft machen können, dass ihre Bezahlverfahren sicher sind, haben sie auch gute Chancen auf dem Markt. Grundsätzlich wollen Kunden aber ihre Kreditkarte, die sie schon besitzen, auch weiter nutzen und keine neue Kreditkarte beantragen und nutzen. Deshalb wäre die beste Lösung, wenn Banken sich in dieses Ökosystem einbinden und eine Kooperation mit den anderen Marktteilnehmern eingehen würden. Paraphieren: Kunden akzeptieren meistens Verfahren, die einfach und unkompliziert sind. Deshalb und aus dem Grund des Vertrauens seitens der Verbraucher zu den Banken, ist ein Kooperationsmodell, an dem alle Marktteilnehmer beteiligt sind, die effizienteste Lösung.
Birgit Zumtobel	Aus meiner Sicht ganz klar Banken und Kreditinstitute. Kunden haben bereits eine Bank, worüber ihre Geschäfte laufen und ergänzend dazu können die noch MP nutzen. Diese Möglichkeit ist für den Kunden die einfachste und naheliegende Variante. Vorteil bei MyWallet ist, dass wir zukünftig die Kreditkarten von anderen Banken integrieren können, um den Kunden die Möglichkeit zu geben, die Karten, die er schon besitzt in seinem MyWallet einzubauen. Paraphieren: Kunden bevorzugen das Verfahren, das sie schon kennen und dem sie vertrauen. Kunden nutzen eher das Verfahren, mit dem sie gute Erfahrungen gemacht haben.
Schluss-folgerung	EC- und Kreditkarten haben bei den Verbrauchern eine hohe Akzeptanz. Die Abrechnungen über die EC-Karte kostet den Verbrauchern nichts und ist fast bei allen Händlern verfügbar. Deshalb wird vermutet, dass die Abrechnungsart über die Banken und Kreditinstitute am meisten bevorzugt wird. Die beste Lösung ist aber ein Kooperationsmodell, an dem alle Marktteilnehmer beteiligt sind.

6.4.5 Gründe, bei kleinen Beträgen das MP einzusetzen und Auswertung

Frage 5	Was wären Gründe, besonders bei kleinen Beträgen (Micropayment) das MP einzusetzen?
Katrin Jordan	Es funktioniert einfacher und schneller. Es ist nicht mehr nötig Kleingeld mit sich zu tragen. Andere Aspekte wie Rabatte und Sammelpunkte könnten auch gute Gründe für den Einsatz von MP sein. Paraphieren: Eine schnelle und einfache Handhabung ist gewährleistet. Es muss kein Kleingeld mit sich getragen werden und kann weitere Vorteile nutzen.
Hans-Christian Heineke	Ein Grund wäre, nicht immer das passende Kleingeld bei sich haben zu müssen. Es ist optimal, wenn mit dem Handy schnell und einfach bezahlt werden könnte. Das Problem bei kleinen Beträgen ist, dass je nach Art des

	Bezahlens, Kreditkarte, EC-Karte oder Ähnliches unterschiedliche Transaktionskosten anfallen. Das bedeutet z. B. bei Zahlungen per Kreditkarte fallen 2 bis 3 Prozent Transaktionskosten an. Deshalb überlegen sich Händler, ob es sich, bei kleinen Beträgen, lohnt, diese Transaktion durchzuführen.
	Paraphieren: Möglich ist eine einfache und schnelle Durchführung der Transaktionen. Das Kleingeld kann zuhause bleiben. Es besteht aber das Problem bei der Abrechnungsart über die Kreditkarte, dass Transaktionskosten anfallen.
Michael Schönborn	Aus meiner Sicht spielt es keine Rolle, ob der Betrag klein oder groß ist. Ich persönlich nutze MP sehr gerne, weil ich technikaffin bin und im Projekt von MyWallet arbeite. Ich finde das Verfahren sehr bequem. Was mir fehlt, ist eine Kreditkarte, die ich überall und uneingeschränkt einsetzen kann. Die Kreditkarte von MyWallet ist z. B. sehr eingeschränkt. Die Karte bzw. das Konto muss erst aufgeladen werden, bevor sie genutzt werden kann.
Birgit Zumtobel	Wir arbeiten gerade an einer Kampagne genau zu dem Thema. Die Botschaft ist, dass man nicht immer die Geldbörse dabei haben und nach Kleingeld suchen soll. Durch MP wird das Bezahlen schneller, und genau das ist der Vorteil für den Händler. Für den Kunden ist der Vorteil, dass sie ihr Smartphone immer dabei haben und das Portemonnaie zuhause lassen können. Es gibt Studien darüber, dass mehr Personen wegen ihres Smartphones wieder nach Hause fahren, wenn sie vergessen haben als wegen der Geldbörse.
	Paraphieren: Da das Smartphone fast immer dabei ist, brauchen Kunden nicht extra ihre Geldbörse noch mit sich zu tragen.
Schlussfolgerung	Einfache und schnelle Durchführung und Umsetzung der Transaktionen am POS. Kunden müssen kein Kleingeld mit sich tragen. Das Problem sind die Einschränkungen bei der Nutzung der kreditkartenbasierten Verfahren.

6.4.6 Gründe für den Einsatz von MP parallel zu E-Payment und Auswertung

Frage 6	Es gibt bereits E-Payment über EC-, Kredit- und Bankkarte. Warum sollten sich die Verbraucher mit noch einer neuen Technologie und Bezahlart auseinandersetzen?
Katrin Jordan	Weil Kunden mobil unterwegs sind und mit MP das Bezahlen schneller ist.
	Paraphieren: Mobilität und Schnelligkeit
Hans-Christian Heineke	Bei einem MP-Verfahren hat der Kunde die Möglichkeit alle Dienste von EC-, Kredit- und Bankkarte zu nutzen, ohne diese mit sich tragen zu müssen.
	Paraphieren: Bequemlichkeit und einfache Handhabung
Michael	Momentan fehlt die Unique Selling Proposition, der sogenannte Killerfak-

Schönborn	tor für das MP. Der Vorteil kann sein, dass das Smartphone meistens dabei ist, aber die Brieftasche nicht immer. Das gilt aber nur für Spontaneinkäufe. Paraphieren: Weil das Smartphone meistens dabei ist, ist es dann auch einfacher es zum Bezahlen einzusetzen.
Birgit Zumtobel	Smartphones übernehmen in Zukunft viel mehr Aufgaben. In 5 oder 10 Jahren wird es selbstverständlich sein mit dem Smartphone zu bezahlen. MP ist eine Ergänzung zu der EC- und Kreditkarte, so dass diese Karten in digitaler Form in das Smartphone integriert werden. Paraphieren: In Zukunft werden alle Karten wie die EC- und Kreditkarte in Smartphones integriert. Somit hat MP den Vorteil, dass der Kunde diese Karten nicht mehr mit sich tragen muss.
Schluss-folgerung	Die Mobilität, Bequemlichkeit und schnelle Handhabung sind die Gründe, warum Kunden neben dem EC- und Kreditkarte sich für MP entscheiden könnten. Die Möglichkeit alle Karten in dem Smartphone integrieren zu können, ist ein zusätzlicher Vorteil.

6.4.7 Die Verfügbarkeit von NFC in Deutschland und Auswertung

Frage 7	Seit wann ist NFC in Deutschland verfügbar und warum hat sich das bis heute nicht durchgesetzt?
Katrin Jordan	NFC ist seit ca. 10 Jahren verfügbar. Die Technologie ist nicht neu. Ein Grund, warum es sich bis heute nicht durchsetzen konnte, ist, dass jeder Anbieter eine andere Technologie entwickelt, weil er der erste auf dem Markt sein möchte. Das Thema ist letztes Jahr von der Terminal Stearing Group übernommen worden. Es wird daran gearbeitet es zu vereinheitlichen und zu standardisieren. Paraphieren: NFC ist seit vielen Jahren in Deutschland verfügbar, wird aber von Anbietern unterschiedlich eingesetzt, so dass bis jetzt keine Vereinheitlichung stattgefunden hat.
Hans-Christian Heineke	NFC ist ein Technologiestandard, der seit mehreren Jahren verfügbar ist. Seit 4 oder 5 Jahren wird diese Technologie für Gebäudezutritt oder wie in London in der U-Bahn genutzt. Warum es sich nicht durchsetzt, liegt daran, dass die NFC-Chips und das Einbauen in die mobilen Endgeräte für die Hersteller kostenintensiv waren. Aufgrund der Massenproduktion werden die Chips immer günstiger. Heute kostet der Einbau eines NFC-Chips in die Endgeräte den Hersteller nur wenige Cent-Beträge. Heute wird so gut wie in jedem neuen Gerät ein NFC-Chip integriert. Der zweite Grund, warum sich NFC-Technologie nicht durchsetzt, sind, die wenigen Akzeptanzstellen. Paraphieren: NFC gibt es seit mehreren Jahren in Deutschland und wird für andere Dienste wie Zutritt zum Gebäude verwendet. Für die Hersteller der mobilen Endgeräten war bis jetzt der Einbau von NFC-Chips in das Gerät zu teuer, deshalb hat sich die NFC-Technologie bis heute nicht für das MP-Verfahren durchsetzen können.

Michael Schönborn	NFC als Technologie gibt es schon lange, aber im Bereich MP wird sie erst seit 1,5 bis 2 Jahren eingesetzt. Es liegt daran, dass in MP-Verfahren die NFC in Verbindung mit der Kreditkarte funktioniert und die Akzeptanz von der Kreditkarte bei den Verbrauchern noch nicht so hoch ist und Händler auch wenig Interesse daran haben, in die Entwicklung dieses Verfahren zu investieren.
	Paraphieren: Da die NFC in Verbindung mit der Kreditkarte für das kontaktlose Bezahlen eingesetzt wird und das Kreditkarten-Verfahren in Deutschland noch keine flächendeckende Akzeptanz hat, hat sich die Nutzung von NFC noch nicht weit verbreitet.
Birgit Zumtobel	Die NFC-Technologie im Bereich MP hat sich noch nicht durchgesetzt, weil die Möglichkeiten nicht vorhanden waren. Heute haben wir immerhin 35000 Terminals, die NFC-fähig sind und wir erwarten in den nächsten zwei Jahren eine enorme Verbreitung.
	Paraphieren: Die Möglichkeit für den Einsatz von NFC-Technologie im Zusammenhang mit MP war bis jetzt nicht gegeben.
Schluss-folgerung	Die NFC-Technologie ist seit ca. zehn Jahren in Deutschland verfügbar. In unterschiedlichen Bereichen, wie Gebäudezutritt oder als Bahnkarte wird sie bereits eingesetzt. Im Bereich MP hat sich diese Technologie noch nicht verbreitet, aufgrund der hohen Integrationskosten und niedriger Terminalverfügbarkeit. Diese Probleme werden in naher Zukunft beseitigt. Ein anderer Grund ist, dass die NFC in Verbindung mit der Kreditkarte für MP-Verfahren genutzt wird. Dadurch, dass die Akzeptanz von der Kreditkarte in Deutschland niedrig ist, kann sich NFC nicht schnell verbreiten.

6.4.8 Vergleich der verschiedenen MP-Anbieter und Auswertung

Frage 8	Was denken Sie über andere MP-Anbieter und welcher ist aus Ihrer Sicht besser?
Katrin Jordan	Es ist schwierig zu beantworten. Viel interessanter ist die Frage welches Payment-System schafft es auf die Endgeräte zu kommen und wird von den POS akzeptiert.
	Paraphieren: Die Frage ist, welche MP-Lösung sich auf dem Markt durchsetzt.
Hans-Christian Heineke	Die Gefahr, welche schon existiert, ist, dass jeder Händler oder jede Supermarktkette die eigene App bzw. seine eigene Lösung entwickelt und sich nicht auf den gesamten Markt durchsetzt.
	Paraphieren: Das Problem bei den vielen Anbietern ist, dass aufgrund der mangelnden Standardisierung, jeder seine eigene Lösung entwickelt und keine einheitliche MP-Lösung existiert.
Michael Schönborn	Da habe ich wenig Erfahrung. Ich kenne nur das Produkt von o2 von der Werbung. Aber die Funktionalität, die sich hinter jeder MP-Lösung befindet, ist ähnlich wie MyWallet. Es geht darum wie die Kreditkarte auf die SIM-Karte integriert wird. Aus meiner Sicht ist MyWallet einfach schi-

	cker. Es macht mehr Spaß diese Applikation zu nutzen.
	Paraphieren: Aus Sicht des Verbrauchers ist MyWallet benutzerfreundlicher und besser. Aber die Funktionalität die dahinter steckt, ist bei allen ähnlich.
Birgit Zumtobel	Ja, es gibt ernstzunehmende Mitbewerber auf dem Markt. Der Einsatz über NFC ist meiner Meinung nach die beste Lösung. Es bietet mehr Sicherheit für den Kunden. Es wird sich aber zeigen, welche der Lösungen sich in den nächsten Jahren durchsetzt.

Paraphieren: Die Lösung durch NFC-Technologie ist die beste und sicherste Lösung, aber es wird sich zeigen, welche sich auf dem Markt durchsetzt. |
| Schluss-folgerung | Da viele verschiedene Insel-Lösungen von den Anbietern entwickelt worden sind, besteht keine einheitliche und standardisierte Lösung. Die MP-Lösung mit NFC ist von Experten als die sicherste und beste Lösung identifiziert worden. Aus Sicht des Verbrauchers hat MyWallet die besseren Nutzerfunktionalitäten. |

6.4.9   Vergleich der Technologien für MP und Auswertung

Frage 9	Welche von den verschiedenen Technologien NFC, BLE, QR-Code ist am sichersten und warum?
Katrin Jordan	Wir arbeiten nur mit NFC.
Hans-Christian Heineke	Die Technologien können nicht 100-prozentig verglichen werden. Es hängt von dem Bezahlvorgang ab, der sich hinter dieser Technologie befindet.
Michael Schönborn	Sicher ist immer relativ. Beispielsweise, wenn bei einem Verfahren basierend auf BLE sichergestellt werden kann, dass zum Zeitpunkt, wenn der Kunde an der Kasse steht, die Daten, die der Händler bekommt, genau die Daten sind, die der Kunde hinterlassen hat, dann ist das Verfahren sicher. Das setzt aber eine Online-Verbindung voraus.

Paraphieren: MP-Verfahren, die online und mit einem Secure-Element durchgeführt werden, wie NFC, sind generell sicherer als App-basierte Verfahren. |
| Birgit Zumtobel | Ich denke die Frage kann von den Technikern besser beantwortet werden. |
| Schluss-folgerung | Die Technologien können nicht eins zu eins verglichen werden. Die Untersuchungen zeigten aber, dass die NFC-Technologie bezogen auf die Sicherheit die beste Lösung ist. |

6.4.10 Zukunft von MP und Auswertung

Frage 10	Wie sehen Sie die Zukunft von MP-Verfahren?
Katrin Jordan	Positiv. Es muss technisch noch viel entwickelt werden. Es gibt viele zusätzliche Dienste wie Ticketing und lokale Cash-Card, die durch MP abgedeckt werden können.
Hans-Christian Heineke	MP wird ganz klar kommen. Es hängt stark von den Diensten, die über dieses Verfahren den Kunden angeboten wird ab. Wenn große Banken wie Sparkasse in einer Kooperation mit den Telekommunikationsunternehmen ihre Dienste anbieten und nicht weiterhin Insellösungen den Markt besetzen, dann werden wir in 3 bis 4 Jahren erleben, dass MP von vielen Verbrauchern genutzt wird.
Michael Schönborn	Die Zukunft von MP bleibt spannend. Der Markt befindet sich am Anfang von dem was passieren kann. Aber welche Technologie sich letztendlich durchsetzt, wird sich in Zukunft zeigen. Meiner Meinung nach wird es in dem Moment, in dem Apple in dieses Thema einsteigt, in den USA einen Riesen-Hype geben. Die Entscheidung, welche Technologie dann in Zukunft für MP-Verfahren eingesetzt wird, wird dann in den USA getroffen und wenn sie dort erfolgreich war, wird sie nach Europa transportiert.
Birgit Zumtobel	Ich bin fest davon überzeugt dass MP Zukunft hat und viele dieses Verfahren nutzen werden. Es wird sich aber zeigen, welcher Anbieter sich auf dem Markt durchsetzen wird.
Schlussfolgerung	Alle Experten waren sich einig, dass MP-Verfahren in naher Zukunft ein verbreitetes Bezahlverfahren wird und bei Verbraucher und Händler mehr Akzeptanz findet.

Die Interviews mit den Experten mit unterschiedlichen Funktionen gaben einen tiefen Einblick in die Struktur und Funktionsweise des MP-Verfahrens und zeigten dessen Fortschritte in der Entwicklung und Standardisierung. Weiterhin sind detaillierte Erkenntnisse auf die Frage, warum MP-Verfahren in Deutschland bis heute nicht erfolgreich sind, gewonnen worden. Die Untersuchungen haben gezeigt, wie schwierig es ist, alle Marktteilnehmer, Konsumenten, Händler und Banken von einem neuen und innovativen Zahlungsverfahren zu überzeugen. Eine Kooperation zwischen Banken und MP-Anbietern könnte die Durchsetzung des MP-Verfahrens positiv beeinflussen.

6.5 Handlungsempfehlungen

Dieses Kapitel beschreibt die Handlungsempfehlungen, basierend auf den Ergebnissen und der gewonnenen Erkenntnisse aus den Sekundär- und Primärforschungen. Diese fokussieren sich darauf Empfehlungen zu geben, wie MP-Anbieter möglichst viele MP-Nutzer erreichen und wie alle Marktteilnehmer möglichst viele Vorteile aus einem MP-

Ökosystem erzielen können. Ein Haupthindernis für die Entwicklung und Durchsetzung des MP-Verfahrens ist der Mangel an finanziellen Anreizen besonderes für Banken. Die Einführung von MP-Verfahren liefert am meisten für Verbraucher Vorteile. Banken und Kreditinstitute haben weniger Vorteile dadurch. Der Vorteil für die Finanzinstitute läge darin, dass sie auf ihre bestehende Infrastruktur zurückgreifen könnten, ohne viel Aufwand betreiben zu müssen, um ihren Kunden das MP-Verfahren anbieten zu können. Untersuchungen zeigten, dass Kunden ihren Bankinstituten am meisten vertrauen. Die Gefahr besteht aber, dass, wenn große Technologieunternehmen wie Google oder Amazon mit schnellen und einfachen Lösungen den Markt von MP erobern und die Banken keine alternativen Lösungen für ihre Kunden haben, sie dann ihre Kunden verlieren werden. Deshalb ist es empfehlenswert, dass die Banken sich mit dem Thema auseinandersetzen und nach Lösungen suchen und möglichst früh in diesem Geschäftsmodell, welches neu und innovativ ist, aber Zukunft hat, einzusteigen.

Da momentan viele unterschiedliche Lösungen auf dem Markt angeboten werden, können sich die Kunden nicht entscheiden. Die beste Lösung, ist wenn es einen klaren Standard gibt, an dem alle partizipieren können. Das heißt, ein Lesegerät im Supermarkt, worauf alle Anbieter zugreifen können, die sich an diesen Standard halten und Smartphones mit dem eingebauten Standard für den Kunden.

7 Zusammenfassung

7.1 Fazit

Die vorliegende Studie hatte das Ziel die Schlüsselprobleme und Hindernisse der Entwicklung und die Adoption von kontaktlosen Bezahlverfahren (MP) zu untersuchen und herauszuarbeiten, ob MP als eine innovative Geschäftsidee bei den Verbrauchern in Deutschland Akzeptanz findet und mit dem vorhandenen Wettbewerb und alternativen Bezahlmöglichkeiten auf dem Markt mithalten oder sogar das Bargeld ersetzen kann. Um eine Antwort für dieses Thema zu ermitteln, sind zwei Forschungsfragen formuliert worden:

- Welche Schlüsselprobleme können bei der Entwicklung und Adoption von MP hinsichtlich der Geschäftsinteressenten sowohl auf der Versorger- als auch auf Benutzerseite in Deutschland identifiziert werden?

- Was muss der Markt anbieten und welche Strategien sind notwendig, damit Mobile-Payment als neues Zahlungsverfahren von beiden Seiten akzeptiert und eingesetzt wird?

Bezüglich der ersten Forschungsfrage deckten die Sekundär- und Primärforschungen durch die vorhandenen Informationen in der Literatur und Ergebnisse zahlreicher Marktforschungen sowie eigenen quantitativen sowie qualitativen Befragungen bestimmte Schlüsselprobleme auf. Diese sind sowohl Probleme seitens MP-Anbieter als auch MP-Nutzer, Kunden und Händler. Auf der Seite des Anbieters besteht das Problem, dass viele Anbieter auf dem Markt sind, die keine einheitliche und standardisierte Technologie nutzen. Die Bankeninfrastruktur unterstützt das MP-Ökosystem noch nicht ausreichend. Die großen Technologieunternehmen wie Google, PayPal und Visa/MasterCard haben ihr eigenes MP-System mit unterschiedlichen Technologien und Eigenschaften entwickelt, so dass es schwierig wird, alle zu vereinheitlichen. Genau das ist das große Problem von späteren Anbietern von MP-Verfahren, die nicht auf eine standardisierte Technologie aufsetzen können. Für den Händler sind die Kosten der Implementierung und der Einsatz von MP-Lesegeräten und Terminals ein Problem. Es muss von vielen Kunden genutzt werden, damit es sich für den Händler lohnt, ein solches Verfahren einzuführen. Andererseits würden MP-Verfahren von den Kunden nur dann genutzt, wenn es viele Akzeptanzstellen gäbe. Hierbei wird von einem Henne-Ei-Problem gesprochen. Ein weiteres Problem ist es, dass nicht alle mobilen Endgeräte für das Verfahren ausgestattet sind. Das bedeutet für den Kunden noch mehr Kosten für die Anschaffung neuer Geräte. Sicherheit und Datenschutz werden auch seitens der Verbraucher kritisch gesehen und stellen Hindernisse dar für den Erfolg des Verfahrens auf dem Markt.

Bezüglich der zweiten Forschungsfrage war zu erkennen, dass der Markt ein hohes Potenzial auf der Konsumentenseite für MP-Systeme aufweist. Die Prognosen sprechen von einem möglichen Umsatz in Höhe von ca. 1,8 Billionen Euro bis 2020 in Europa. Damit wäre MP eine der wichtigsten Zahlungsmöglichkeiten für die breite Masse. Die Ergebnisse aus der quantitativen Befragung zeigte, dass 77 Prozent der Befragten entweder MP heute schon nutzen oder bereit sind, dieses Verfahren in Zukunft einzusetzen. Für einen erfolgreichen Marktdurchbruch auch in Europa sowie in Asien und den USA sollten die Anforderungen, die Konsumenten und Händler an ein MP-Verfahren stellen, von den Anbietern erkannt und umgesetzt werden. Neben Kriterien wie Schnelligkeit und Einfachheit spielen Kosten und Sicherheit für die Akzeptanz eine große Rolle. Wenn die Ängste und Sorgen von Konsumenten bzgl. Sicherheiten und Datenschutz beseitigt werden, kann davon ausgegangen werden, dass MP in naher Zukunft den deutschen Markt erobert. Eine gute und strukturierte Zusammenarbeit zwischen Banken und den SP bzw. MP-Anbietern ist die Basis für dessen Erfolg. Am Anfang gibt es zahlreiche Schwierigkeiten im Bereich Technik und vor allem Standardisierung und Datenschutz, wie bei jeder technischen Innovation. Wenn diese Hürden bewältigt sind, dann ist mit einem starken Wachstum zu rechnen.

Eine eindeutige Antwort auf die Frage, ob MP das Bargeld ersetzen kann, ist nicht zu identifizieren. Aus dieser Forschung ergab sich, dass durch eine einheitliche und standardisierte Technologie wie NFC sich MP-Verfahren mittelfristig durchsetzen können, da die entsprechende Infrastruktur mit den Terminals über unterschiedliche Banken auf dem Markt platziert sind. Visa und Mastercard bieten ebenfalls mit ihren neuen Terminals die NFC-Technologie an. Es ist nur eine Frage der Zeit bis das neue Bezahlverfahren von Verbrauchern und Anbietern akzeptiert und eingesetzt wird. Wenn MP von vielen Kunden genutzt wird, werden auch mehr Händler bereit sein, das neue Verfahren einzuführen und dadurch wächst das Angebot. So erreicht das Modell die sogenannte kritische Masse und ab dem Punkt kann mit einem flächendeckenden Erfolg gerechnet werden.

Die marktseitigen Erfolgsfaktoren sind, neben dem Erreichen der kritischen Masse, die Erfüllung der Markterwartungen und die Durchführung einer guten Kampagne, die die Verbraucher und Händler über das innovative Bezahlverfahren informiert.

7.2   Kritische Würdigung

Im Rahmen dieser Studie sind die wichtigen Technologien im Bereich MP präsentiert und auf dem Markt existierende Lösungen von verschiedenen Anbietern vorgestellt worden. Der Rahmen dieser Untersuchung erlaubte es nicht, jede Technologie noch tiefer zu untersuchen und einen detaillierten Vergleich zwischen den vorhandenen Technologien mit den jeweiligen Vor- und Nachteilen zu ziehen. Das könnte für den Hersteller von mobilem Endgeräte sowie für den MP-Anbieter hilfreich sein. Weiterhin wäre eine bereitere Untersuchung und ein Vergleich der vorhandenen Produkte und MP-Lösungen hilfreich für die Verbraucher, damit sie sich besser orientieren können.

Ein weiterer kritischer Punkt bezieht sich auf die quantitative Befragung. Aufgrund der Anonymität könnte nicht herausgearbeitet werden, wie Frauen und Männer auf die Fragen in den Fragebogen geantwortet haben. Es ließ sich also nicht ermitteln wie sich Frauen und Männer als Geschlechtsgruppe gegenüber MP als innovatives Geschäftsmodell verhalten.

7.3   Ausblick

Aufgrund der Komplexität des MP-Ökosystems, blieben noch zahlreiche weitere Themen, die in diesem Bereich gründlicher erforscht werden könnten. Außerdem, da das Thema sich noch in den Anfangsphase befindet, müssen viele Fragen beantwortet werden, wie die Zukunft von MP-Verfahren aussieht. Erstens ist die Macht einer Zusammenarbeit zwischen Banken und SP im Gegensatz zu individuellen Lösungen ein wesentlicher Punkt. Eine Untersuchung auf diesem Gebiet kann zeigen, wie die Banken und SP am besten so zusammenarbeiten können, dass die Interessen und Anforderungen auf beiden Seiten berücksichtigt werden.

Letztendlich ist herausgefunden worden, dass viele MP-Lösungen am POS nicht das gleiche Potenzial bei den Händlern haben. Zum Beispiel ist das Bedürfnis nach einem schnellen Bezahlverfahren mehr für Restaurants, Kinos und Konzerthäuser relevant. Dafür ist die NFC-Technologie geeignet. Andere Großhändler haben das Interesse, ihre logistischen Eigenschaften zu erweitern. Dafür eignet sich die Lösung auf Basis des

QR-Code. Untersuchungen haben gezeigt, dass die große Anzahl an Anbietern auf dem Markt begleitet von unterschiedlichen Technologien den Konsumenten abschrecken anstatt ihn dazu zu bringen, das innovative Verfahren anzunehmen. Diese Themen sind relevant, um weitere Forschungen zu betreiben.

Die Frage, die sich für weitere Untersuchungen stellt, ist, ob MP in der Form, in der es heute mehr oder weniger auf dem Markt ist, auch in fünf Jahren existieren wird, oder ob sich eine andere Technologie entwickeln wird. Fakt ist, dass MP über das Smartphone immer mehr akzeptiert wird und Kunden immer mehr diesen Dienst über ihr Smartphone nutzen, um zu bezahlen. Welcher Standard und welche Technologie sich in den nächsten fünf bis zehn Jahren durchsetzt, wird sich herausstellen.

Zum Schluss kann festgehalten werden, dass MP als ein innovatives Bezahlverfahren in den nächsten fünf Jahren das Bargeld nicht komplett ersetzen kann. Aber wenn die Probleme bzgl. Sicherheitslücken und Standardisierungen beseitigt werden und die Anforderungen seitens des Verbrauchers und des Händlers umgesetzt werden, bestehen große Chancen, dass MP als alternatives Verfahren Bargeld, EC- sowie Kreditkarten Konkurrent macht und in der Zukunft den Markt für sich gewinnt.

Literaturverzeichnis

Amberg, M., Lang, M. (2011): Innovation durch Smartphone & Co. Die neue Geschäftspotenziale mobiler Endgeräte, 1. Aufl. Düsseldorf 2011.

Balmer, R., Inversini, S., Planta, A., Semmer, N. (2000): Innovation im Unternehmen, Zürich 2000.

Berger, D. (2010): Wissenschaftliches Arbeiten in den Wirtschafts- und Sozialwissenschaften, 1. Aufl., Wisebaden 2010.

Bieger, T., Bickhoff, N., Knyphausen-Aufseß, D. (2002): Einleitung, in: Bieger, T., Bickhoff, N., Caspers, R., Knyphausen-Aufseß, D. z., Zükünftige Geschätfsmodelle. Konzept und Anwendung in der Netzökonomie, Berlin 2002.

Burzan, N. (2008): Quantitative Forschung in der Sozialstrukturanalyse, 1. Aufl., Wiesbaden 2008.

Bächle, M., Lehmann, F. R. (2010): E-Business, München 2010.

Department of Economic and Social Affairs (2010): Compendium of Ict Applications on Electronic Government: Mobile Applications on Human Security and Business Development, United Nations 2010.

Dannenberg, M., Ulrich, A. (2004): E-Payment und E-Billing. Elektronische Bezahlsysteme für Mobilfunk und Internet, 1. Aufl., Wiesbaden 2004.

Dong, L., Chen, K. (2012): Cryptographic Protocol. Security Analysis Based on Trusted Freshness, Heidelberg 2012.

Erdmann, G., Popp, H., Tolksdorf, M. (2006): Betriebswirtschaft / Volkswirtschaft, 4. Aufl., Karlsruhe 2006.

Flick, U. (1995): Handbuch qualitative Sozialforschung, 2. Aufl. Weinheim 1995.

Furth, B., Escalante, A. (2010): Handbook of Cloud Computing, New York 2010.

Gervasi, O., Murgante, B., Lagana, A., Taniar, D., Mun, Y., Gavrilova, M. L. (2008): Computational Science and Its Applications – ICCSA 2008, Part II, Heidelberg 2008.

Geschka, H. (1983): Innovationsmanagement, in: Mamangement-Enzyklopädie, 2. Aufl. Landsberg am Lech 1983.

Giedke, A. (2013): Cloud Computing – Eine wirtschaftliche Analyse mit besonderer Berücksichtigung des Urheberrechts, München 2013.

Gratton, D. A. (2007): Developing Practical Wireless Applications, 1. Ed., USA 2007.

Gupta, N. (2013): Inside Bluetooth Low Energy, Boston/London 2013.

Hartmann, M. E. (2006): E-Payments Evolution. In Lammer, T. (2006): Handbuch E-Money, E-Payment & M-Payment, Heidelberg 2006.

Hendrix, A. (2005): Geschäftsmodellinnovationen im Mobile Business, Hamburg 2005.

Holling, H., Gediga, G. (2011): Statistik – Deskriptive Verfahren, Göttingen 2011.

Hunt, V. D., Puglia, A., Puglia, M. (2007): RFID - A Guide to Radio Frequency Identification, New Jersey 2007.

Höft, M. (2002): Zahlungssysteme im Electronic commerce: ePayment im Online Shop, Hamburg 2002.

Kaymaz, F. (2011): User-Anonymität in Mobile Payment Systemen. Ein Referenzprozessmodell zur Gestaltung der User-Anonymität in Mobile Payment Systemen, Kassel 2011.

Krepold, H. M., Fischbeck, S. (2009): Bankrecht – Zahlungsverkehr – Darlehnsvertrag – Kreditsicherheiten – Übungsklausuren, 1. Aufl., München 2009.

Kruse, J. (2003): Multimedia Mobile – Dienste und Inhalte über mobile Plattformen, München 2003.

Lammer, T. (2006): Handbuch E-Money, E-Payment & M-Payment, Heidelberg 2006.

Langer, J., Roland M. (2010): Anwendungen und Technik von Near Field Communication (NFC), Heidelberg 2010.

Lerner, T. (2013): Mobile Payment, Wiesbaden 2013.

Liehr, M. (2005): Die Adoption von Kritische-Masse-Systemen, 1. Aufl., Wiesbaden 2005.

Lindemann, M. (2011): Der Einfluss von Innovationen auf die Wettbewerbspositionen von Telekommunikationsnetzen, Köln 2011.

Meier, A., Stormer, H. (2012): eBusiness & eCommerce – Managing the Digital Value Chain, Heidelberg 2009.

Merte, C. (2011): Marktstrategien im Mobile Banking – Smartphones als neuer Absatzkanal der Finanzindustrie, 1. Aufl., Hamburg 2011.

Paulus, S., Pohlmann, N., Reimer, H. (2004): Securing Electronic Business Process, 1st. Edition, Wiesbaden 2004.

Plattes, W., Fauteck, H., Fitzner, T., Strunk, G. (2013): Immobilienkaufmit einer Socieded Limitada, 1. Aufl. 2013.

Risse, J. (2004): Buchführung und Bilanz für Einsteiger, 2. Aufl., Heidelberg 2004.

Rogers, E. M. (2003): Diffusion of Innovations, 5th. Edition, New York 2003.

Schoder, D. (1995): Erfolg und Mißerfolg telematischer Innovationen, Wiesbaden 1995.

Schröder, M. (2011): Web Business – step by step, 1. Aufl., Mühlheim an der Ruhr 2011.

Schweikle, R. (2009): Innovationsstrategien japanischer und deutscher Unternehmen, 1. Aufl., Wiesbaden 2009.

Stahl, E., Wittmann, G., Krabichler, T., Breitschaft, M. (2012): E-Commerce-Leitfaden. Noch erfolgreicher im elektronischen Handel. 3., vollständig überarbeitete und erweiterte Aufl., Regensburg 2012.

Stucky W., Schniefer, G. (2005): Perspektiven des Mobile Business, 1. Aufl., Wiesbaden 2005.

Stähler, P. (2002): Geschäftsmodelle in der digitalen Ökonomie, 2. Aufl., Zürich 2002.

Tan, M. (2005): E-Payment: The Digital Exchange, Singapore 2005.

Venkataram, P., Babu, S. B. (2010): Wireless & Mobile Network Security, New Delhi 2010.

Weber, C. B. (2002): Zahlungsverfahren im Internet, Köln 2002.

Weberschläger, M. (2013): Mobile Payment am Point of Sale. Maßnahmen und Erfolgsfaktoren für eine erfolgreiche Markteinführung, 1. Aufl., Hamburg 2013.

Weiber, R. (1992): Diffusion von Telekommunikation: Problem der Kritischen Masse, Wiesbaden 1992.

Winker, P. (1997): Empirische Wirtschaftsforschung, Heidelberg 1997.

Internet-Quellen

BBC NEWS BUSINESS - Mobile phone payments system to be launched by banking industry (2014) . URL: http://www.bbc.com/news/business-26512638, Abruf am 08.04.2014.

Bender, H. (2013): Die (mobile) Payment-Pläne der Telekom. URL: http://www.derhandel.de/news/technik/pages/mPayment-Die-(mobile)-Payment-Plaene-der-Telekom-9775.html, Abruf am 12.04.2014.

Businessmodell Innovation (2014): Geschäftsmodell als Analyseeinheit für Strategie. URL: http://www.business-model-innovation.com/definitionen.htm, Abruf am 05.04.2014.

Der Handel (2013): Rewe startet „still" mit Yapital –Handybezahlung. URL: http://www.derhandel.de/news/technik/pages/mPayment-Rewe-startet-still-mit-Yapital-Handybezahlung-10228.html, Abruf am 09.04.2014.

Estrategy-magazin.de (2014): Mobile Payment 2013 – Status und Perspektiven. URL: http://www.estrategy-magazin.de/mobile-payment-2013-status-und-perspektiven.html, Abruf am 13.04.2014.

Dr. Klein, Die Partner für Ihre Finanzen. URL: http://www.drklein.de/finanzlexikon/eintrag/l/lastschrift.html, Abruf am 17.05.2014.

ECCKÖLN Online Experts (2012): Zahlungsverfahren im Überblick – Wie der Kunde online zahlt und welche Verfahren deutsche Online-Händler anbieten, URL: http://www.ecckoeln.de/Themenfelder/Zahlungsverfahren-im-%C3%9Cberblick-%E2%80%93-Wie-der-Kunde-online-zahlt-und-welche-Verfahren-deutsche-Online-H%C3%A4ndler-anbieten, Abruf am 09.04.2014.

EC Karte (2012): Wie funktionieren EC Kartenlesegeräte?, URL: http://eckarte.org/wie-funktionieren-ec-kartenlesegeraete/, Abruf am 20.05.2014.

Finanzen Excite.de : EC-Zahlung mit Pin oder Unterschrift?, URL: http://finanzen.excite.de/ec-zahlung-pin-unterschrift.html, Abruf am 20.05.2014.

Fuchs, J. G. (2014): Mobile Payment mit NFC - Deutsche Anbieter im Marktübersicht. URL: http://t3n.de/news/nfc-deutschland-beruhrungslos-438558/, Abruf am 01.04.2014.

GFM Nachrichten (2012): Mobile Payment-Boom in Asien und Afrika – in Deutschland gibt es noch Sicherheitsbedenken. URL: http://www.gfm-nachrichten.de/news/aktuelles/article/mobile-payment-boom-in-asien-und-afrika-in-deutschland-gibt-es-noch-sicherheitsbedenken.html, Abruf am 08.04.2014.

Girogo.de, URL: https://www.girogo.de/, Abruf am 03.04.2014.

Hengstbach, A. (2011): Computerbild.de – QR-Codes: lesen, erzeugen, verstehen. URL: http://www.computerbild.de/artikel/cb-Tipps-Wissen-QR-Codes-Barcode-EAN-6122468.html, Abruf am 10.04.2014.

Hoffmeister, S. (2014), http://geistreich78.info/ecommerce/mastercard-mobile-payments-study-wachsende-mobile-payment-akzeptanz, Abruf am 20.04.2014.

Klotz, M. (2014): Mobile Payment: 5 Apps, die der Kreditkarte Konkurrenz machen wollen. URL: http://t3n.de/news/mobile-payment-2-529537/, Abruf am 12.04.2014.

Kutscher, N. (2004): Was sind qualitative und quantitative Forschungsmethoden?, URL: https://www.uni-biele-feld.de/Universitaet/Einrichtungen/Zentrale%20Institute/IWT/FWG/Jugend%20online/qualitativ.html, Abruf am 23.04.2014.

Lambertz, S. (2013): ECCKöln. URL: http://www.ecckoeln.de/News/Zahlungsverfahren-im-%C3%9Cberblick-%E2%80%93-Wie-der-Kunde-online-zahlt-und-welche-Verfahren-deutsche-Online-H%C3%A4ndler-anbieten--(Lesereihe-Teil-3), Abruf am 09.04.2014.

Lerner, T. (2014): Apples Schachzüge im Mobile Payment: eine Analyse (Teil2). URL: http://www.mobile-zeitgeist.com/2014/03/28/apples-schachzuege-im-mobile-payment-eine-analyse-teil-2/, Abruf am 01.04.2014.

Maestrocard.com: URL: http://www.maestrocard.com/de/privatkunden/innovationen_technik/maestro_paypass.html, Abruf am 03.04.2014.

Maybury, R. (2011): What's the difference between NFC and Blutooth?. URL: http://www.telegraph.co.uk/technology/advice/8569103/Whats-the-difference-between-NFC-and-Bluetooth.html, Abruf am 12.04.2014.

MaxWireless.de (2011): Blackberry Smartphones sind als PayPass-Geräte durch MasterCard zertifiziert. URL : http://maxwireless.de/2011/blackberry-smartphones-sind-als-paypass-gerate-durch-mastercard-zertifiziert/, Abruf am 18.05.2014.

MyWallet.com (2014): MyWallet Polen. URL: http://www.my-wallet.com/, Abruf am 04.04.2014.

OttoGroup Yapital (2014). URL: http://www.ottogroup.com/de/die-otto-group/konzernfirmen/yapital.php, Abruf am 09.04.2014.

Out-Law.com (2014), URL: http://www.out-law.com/articles/2014/february/cloud-based-contactless-mobile-payments-scheme-backed-by-visa-and-mastercard/, Abruf am 11.05.2014.

Paij GmbH. URL: http://www.paij.com/de, Abruf am 11.05.2014.

Paybox.at. URL: http://paybox.at/5981/Privat, Abruf am 12.04.2014.

Payment & Risikomanagement: URL: http://www.bvdw.org/die-bezahlverfahren/dienstleister-des-zahlungsverkehrs/payment-service-provider.html, Abruf am 28.03.2014.

Paypal (2013): PayPal – das Unternehmen. https://www.paypal.de/presse/unternehmen/, Abruf am 23.03.2014.

PayPal (2013): PayPal – Presse. URL: https://www.paypal.de/Presse/PayPal_läutet_mit_‚Check-In'_Durchbruch_für_das_Bezahlen_mit_dem_Smartphone_in_Deutschland_ein/, Abruf am 23.03.2014.

PayPal (2014): Das Sicherheitssystem von PayPal. URL: https://www.paypal.com/de/webapps/mpp/safety-tips-buyers, Abruf am 23.03.2014.

Pham, N. K. : Das Lastschriftverfahren: Vor- und Nachteile. URL: http://www.experto.de/b2c/verein/das-lastschriftverfahren-vor-und-nachteile.html, Abruf am 17.05.2014.

PressePortal (2014): Etablierung als Standard: Concardis nimmt Yapital ins Portfolio. URL: http://www.presseportal.de/pm/109426/2704705/etablierung-als-standard-concardis-nimmt-yapital-ins-portfolio, Abruf am 09.04.2014.

PressePortal (2014): Yapital: Sicherheit und Schutz vor Betrug innerhalb von Sekunden durch hochentwickelte ReD Shield-Technologie. URL: http://www.presseportal.de/pm/109426/2680673/yapital-sicherheit-und-schutz-vor-betrug-innerhalb-von-sekunden-durch-hochentwickelte-red-shield, Abruf am 09.04.2014.

Rapidnfc.com (2014) URL: http://rapidnfc.com/blog/100/what_is_difference_between_ibeacon_and_nfc, Abruf am 12.04.2014.

Reuter, M. (2013): NFC vs Bluetooth Low Energy – Auch visionäre Geschäftsmodelle müssen handfests Hürden überwinden. URL: http://www.appadvisors.de/2013/09/nfc-vs-bluetooth-auch-visionaere-geschaeftsmodelle-muessen-handfeste-huerden-ueberwinden/, Abruf am 12.04.2014.

Sawall, A. (2012): Paypal hat 20 Millionen Nutzer in Deutschland. http://www.golem.de/news/gehasst-und-genutzt-paypal-hat-20-millionen-nutzer-in-deutschland-1209-94568.html, Abruf am 23.03.2014.

Schreibler, P., Qualitative versus quantitative Forschung, URL : https://studi-lektor.de/tipps/qualitative-forschung/qualitative-quantitative-forschung.html, Abruf am 23.04.2014.

Sparda-ostbayern.de, URL: https://www.sparda-ostbayern.de/mastercard_paypass.php, Abruf am 03.04.2014.

Spiegelonline.de (2014): MyWallet: Telekom führt digitales Bezahlen ein. URL: http://www.spiegel.de/netzwelt/gadgets/mywallet-telekom-fuehrt-digitales-bezahlen-ein-a-967883.html, Abruf am 22.05.2014.

Statista (2014): Anzahl der Mobilfunkanschlüsse in Deutschland von 1993 bis 2013. URL: http://de.statista.com/statistik/daten/studie/3907/umfrage/mobilfunkanschluesse-in-deutschland/, Abruf am 23.03.2014.

Strudthoff, M. (2012): Umfrageergebnisse: Chancen und Akzeptanz von Mobile Payment Verfahren. URL: http://www.mobile-zeitgeist.com/2012/06/06/umfrageergebnisse-chancen-und-akzeptanz-von-mobile-payment-verfahren/, Abruf am 31.03.2014.

Techcrunch (2014): PayPal launches a mobile Check-In and payments service with orderbid in germany. URL: http://techcrunch.com/2013/11/27/paypal-looking-for-more-mobile-business-in-europe-launches-a-check-in-and-payments-service-with-orderbird-in-germany/, Abruf am 23.03.2014.

Terminal direkt. Die ec Karte besitzt nahezu jeder Ihrer Kunden. URL: http://www.terminaldirekt.de/ec-karte.html, Abruf am 17.05.2014.

Thalhammer, S. (2012): GFM Nachrichten. URL: http://www.gfm-nachrichten.de/news/aktuelles/article/mobile-payment-boom-in-asien-und-afrika-in-deutschland-gibt-es-noch-sicherheitsbedenken.html, Abruf am 08.04.2014.

T-Mobile.com (2014): Pay smarter. Isis Mobile Wallet®. URL: http://www.t-mobile.com/isis-mobile-wallet.html, Abruf am 04.04.2014.

T-Online.de (2013): Telekom bringt die mobile Brieftasche 2013 nach Deutschland. URL: http://www.t-online.de/handy/smartphone/id_62333134/mywallet-telekom-fuehrt-die-digitale-brieftasche-in-deutschland-ein.html, Abruf am 04.04.2014.

Vanillabanking (2012): Payment Service Provider (PSP) für E-Payment und M-Payment in 2012. URL: http://www.vanillabanking.de/info/online-zahlungsarten-und-payment-service-provider/, Abruf am 26.03.2014.

Visaeurope.com, URL: http://www.visaeurope.com/en/cardholders/visa_paywave.aspx, Abruf am 03.04.2014.

Wallstreet:online (2014), URL: http://www.wallstreet-online.de/nachricht/6573209-auszeichnung-fuer-nettoapp-netto-marken-discount-erhaelt-retails-technology-awards-europe, Abruf am 24.04.2014.

Werner, K. (2013): etailment.de. URL: http://etailment.de/thema/e-commerce/Mobile-Payment-Markt-Europa-Asien-USA-und-Afrika-im-Vergleich-1522, Abruf am 08.04.2014.

Zhao, H., Xie, H. (2014): China's central bank halts Tencent, Alibaba mobile payment process. URL: http://uk.reuters.com/article/2014/03/14/us-china-cbank-payments-idUKBREA2D06420140314, Abruf am 14.04.2014.

PDF

Alberts, S. (2001): Marktdurchsetzung von Innovationen, Wiesbaden 2001.

Albers, S. (2001): Marktdurchsetzung von technologischen Nutzungsinnovationen, München 2001.

Contius, R., Martignoni, R. (2003): Mobile Payment im Spannungsfeld von Ungewissheit und Notwendigkeit, München 2003.

Dapp, T. F. (2013): Die Zukunft des (mobilen) Zahlungsverkehrs, Deutsche Bank Research, Frankfurt am Main 2013.

Eisenmann, M., Linck, K., Pousttchi, K. (2004): Nutzungsszenarien für mobile Bezahlverfahren. Augsburg 2004.

Ezell, S. (2009): Contactless Mobile Payments, Washington 2009.

Kleine, J., Venzin, M., Ludwig, F., Krautbauer, M. (2012): Mobile Payment – wohin geht die Reise? Chancen und Risiken für Marktteilnehmer in Europa. München 2012.

Kreimer, T., Rodenkirchen, S. (2010): Mobile Payment – Anforderungen, Barrieren, Chancen.

Kreyer, N., Pousttchi, K., Turowski, K. (2002): Characteristics of Mobile Payment Procedures, Augsburg 2002.

Lewis Silkin LLP (2013): The fast growing world of mobile payments – are you on the money?, London 2013.

Pousttchi, K., Selk, B., Turowski, K. (2002): Acceptance criterias for mobile payment procedures, Augsburg 2002.

Pousttchi, K. (2003): Payment of mobile value-added services, Augsburg 2003.

Reichl, W., Ruhle, E. O., Kittl, J. (2014): Mobile Payment, Düsseldorf 2014.

Ripsas, S. (2004): Von der Idee zum innovativen Geschäftsmodell, Rostock 2004.

Smart Card Alliance (2008): Proximity Mobile Payments Business Scenarios – Research Report on Stakeholder Perspektives, New Jersey 2008.

Smart Card Alliance (2011): The Mobile Payments and NFC Landscape: A U.S. Perspective, New Jersey 2011.

Weinfurtner, S., Wittmann, G., Stahl, E., Pur, S., Wittmann, M., Bolz, T. (2013): E-Payment-Barometer Januar 2013, Regensburg 2013.

Zerfos, P. (2006): A study of the Short Message Service of a Nationwide Cellular Network, Berlin – California 2006.

Anhang 1: Quantitativer Fragebogen

Fragebogen   Teilnehmer   Auswertung   Konto   **Online**umfragen.com

Übersicht > Fragebogen > Fragen testen

Frage 1

Geschlecht?

- Männlich
- Weiblich

Testen beenden

Fragebogen   Teilnehmer   Auswertung   Konto   **Online**umfragen.com

Übersicht > Fragebogen > Fragen testen

Frage 2

Wie alt sind Sie?

- 16 - 22
- 23 - 30
- 31 - 40
- 41 - 50
- 51 - 60
- Über 60

Testen beenden

Frage 3

Besitzen Sie ein Handy?

- ○ Ja
- ○ Nein

Testen beenden

Frage 4

Wie wichtig sind Ihnen folgende Merkmale von Mobile-Payment? (Bitte kreuzen Sie Zutreffendes an)

	trifft nicht zu	trifft eher nicht zu	unentschieden	trifft eher zu	trifft zu
Vertraulicher Umgang mit persönlichen Daten	○	○	○	○	○
Einfache Handhabung beim Bezahlvorgang	○	○	○	○	○
Keine bzw. geringe Kosten	○	○	○	○	○
Schnelle Durchführung des Bezahlvorganges	○	○	○	○	○
Bestätigung der Zahlung durch SMS oder E-Mail	○	○	○	○	○
Möglichkeit zur Stornierung einer getätigten Zahlung	○	○	○	○	○
Hohe Anzahl von Akzeptanzstellen	○	○	○	○	○
Keine Anschaffung eines neuen Handys nötig	○	○	○	○	○
Leichte Erlernbarkeit des Bezahlvorgangs	○	○	○	○	○
Keine Installation von Software auf dem Handy nötig	○	○	○	○	○
Anonymer Bezahlvorgang	○	○	○	○	○
Möglichkeit im Ausland zu bezahlen	○	○	○	○	○
Keine Anmeldung nötig	○	○	○	○	○
Zahlung an Privatpersonen möglich	○	○	○	○	○

Testen beenden

Frage 5

Bei welcher jährlichen Grundgebühr würden Sie Mobile-Payment einsetzen?

- ○ Keine Gebühren
- ○ bis 2,50 €
- ○ bis 5 €
- ○ bis 10 €
- ○ mehr als 10 €

Testen beenden

Frage 6

Welche Vorgangsdauer würden Sie bei einer Mobile-Payment-Verfahren akzeptieren?

- ○ 25 Sekunden
- ○ 45 Sekunden
- ○ 60 Sekunden
- ○ über 60 Sekunden

Testen beenden

Frage 7

Bis welchen Betrag würde Sie über Mobile-Payment bezahlen?

- bis 0,50 €
- bis 2,50 €
- bis 5 €
- bis 20 €
- mehr als 20 €

Testen beenden

Frage 8

Welche Abrechnungsart würden Sie bevorzugen? (Bitte ankreuzen)

- Direkte Abbuchung vom Bankkonto
- Monatliche Rechnung
- Kreditkarte
- Über Telefonrechnung
- Guthabenbasiertes Konto

Testen beenden

Frage 9

Bis wann schätzen Sie kann Mobile-Payment Bargeld ersetzen?

- Nie
- bis 2020
- bis 2030
- Später

Testen beenden

Frage 10

Welche möglichen Probleme sehen Sie bei Erfolg von Mobile-Payment in der Zukunft? (Bitte ankreuzen)

Mehrfachantwort möglich - Maximal 7 Antworten

- Hohe Kosten für den Kunden
- Hohe Kosten für den Händler
- Hoher Aufwand bei technischer Integration
- Geringe Zuverlässlichkeit
- Verbindungsprobleme zwischen mobilem Endgerät und Lesegerät
- Unklarheiten bzw. Unsicherheit bei Kunden
- Angriffsversuche während des Bezahlprozesses
- Keine Probleme

Testen beenden

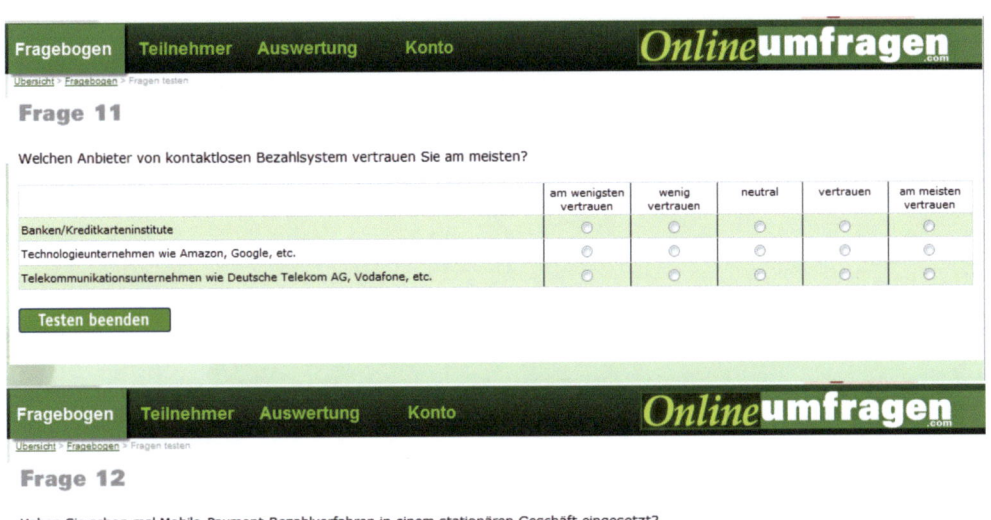

Frage 11

Welchen Anbieter von kontaktlosen Bezahlsystem vertrauen Sie am meisten?

	am wenigsten vertrauen	wenig vertrauen	neutral	vertrauen	am meisten vertrauen
Banken/Kreditkarteninstitute	○	○	○	○	○
Technologieunternehmen wie Amazon, Google, etc.	○	○	○	○	○
Telekommunikationsunternehmen wie Deutsche Telekom AG, Vodafone, etc.	○	○	○	○	○

Testen beenden

Frage 12

Haben Sie schon mal Mobile-Payment Bezahlverfahren in einem stationären Geschäft eingesetzt?

○ Nein, ich möchte dieses Zahlungsverfahren nicht nutzen
○ Nein, aber ich würde es gerne nutzen
○ Ja, ich nutze bereits kontaktloses Bezahlverfahren

Testen beenden

Anhang 2: Qualitativer Fragebogen

Frage 1	Welche Funktion erfüllen Sie?
Frage 2	Im weltweiten Vergleich liegt die Entwicklung von MP in Europa insbesondere in Deutschland, weit hinter Asien und USA. Woran liegt das?
Frage 3	Könnte die steigende Nutzung von Mobiltelefonen und Smartphones eine Chance für die steigende Akzeptanz und Annahme von MP sein?
Frage 4	Was glauben Sie, welche Abrechnungsart würden die Kunden beim Einsatz von MP-Verfahren bevorzugen? Banken und Kreditinstitute, Telekommunikationsunternehmen wie Telekom oder Vodafone, Technologieunternehmen wie Google und Amazon
Frage 5	Was wären Gründe, besonders bei kleinen Beträgen (Micropayment) das MP einzusetzen?
Frage 6	Es gibt bereits E-Payment über EC-, Kredit- und Bankkarte. Warum sollten sich die Verbraucher mit noch einer neuen Technologie und Bezahlart auseinandersetzen?
Frage 7	Seit wann ist NFC in Deutschland verfügbar und warum hat sich das bis heute nicht durchgesetzt?
Frage 8	Was denken Sie über andere MP-Anbieter und welcher ist aus Ihrer Sicht besser?
Frage 9	Welche von den verschiedenen Technologien NFC, BLE, QR-Code ist am sichersten und warum?
Frage 10	Wie sehen Sie die Zukunft von MP-Verfahren?

Die Autorin

Parissa Hamzehloe, M.A., wurde 1978 im Iran geboren. Nachdem sie zwei Jahre in Teheran Elektrotechnik studiert hatte, kam sie 1997 nach Deutschland und schloss dort ihr Informatikstudium ab.

Nach Abschluss ihres Studiums arbeitete sie zunächst als Software-Entwicklerin bei einem großen Automobilehersteller in Stuttgart, bevor sie 2005 nach Bonn ging und dort bis heute bei einem großen Konzern im Bereich Telekommunikation arbeitet. Während dessen absolviert die Autorin ihr Drittstudium im Fachbereich Marketing & Communications. Die technischen Hintergründe und die Tatsache, dass die Autorin in der Telekommunikationsbranche tätig ist, motivierten sie dazu ihre Forschungen dem Thema Mobile-Payment zu widmen.